꼬물꼬물
세균과 바이러스의 역사가
궁금해!

별난 세상 별별 역사 ⑩
꼬물꼬물 세균과 바이러스의 역사가 궁금해!

ⓒ 글터 반딧불, 장경섭 2021

처음 찍은 날 2021년 2월 18일
처음 펴낸 날 2021년 3월 2일

지은이	글터 반딧불
그린이	장경섭
펴낸이	최금옥
기획	글터 반딧불
편집	최명지
디자인	남철우
펴낸곳	이론과실천
	등록 제10-1291호
	(07207) 서울시 영등포구 양평로 21가길 19 우림라이온스밸리 B동 512호
	전화 02-714-9800 ｜ 팩스 02-702-6655

ISBN 978-89-313-8130-6(74900)
ISBN 978-89-313-8120-7(세트)

* 이 책의 일부 또는 전부를 사용하려면 반드시 저작권자와 이론과실천 양측의 동의를 모두 얻어야 합니다.
* 값 12,000원
* 잘못된 책은 바꾸어 드립니다.

꼬야미실 은 이론과실천 의 어린이책 브랜드입니다.

★ 별난 세상 별별 역사 시리즈를 발간하며 ★

인류의 역사시대는 짧게는 2~3천 년, 길게 잡아도 5천 년쯤이다. 이 시간 동안 인류가 이룬 문명은 상상을 초월할 만큼 엄청나다. 선사시대 원시인들이 올려다보던 달과 별에 지금은 우주선을 쏘아 올리는 시대가 되었으니 말이다. 그런데 놀라운 것은 이런 눈부신 문명의 발전에는 극히 사소한 것들의 역사가 자리 잡고 있다는 사실이다.

사람들은 대개 역사라고 하면 중대한 사건이나 영웅적 인물을 먼저 떠올리기 쉽다. 그러나 그것만이 역사의 전부는 아니다. 알고 보면 역사는 그리 멀리 있지 않다. 예컨대 우리가 일상생활에서 쉽게 접하는 불, 돈, 바퀴는 인류의 3대 발명품으로 꼽힌다. 그만큼 문명의 발전에 크게 이바지했기 때문이다.

원시인이 동굴에서 피우는 불은 그저 모닥불에 지나지 않는다. 하지만 그 열을 이용해 철을 뽑아냄으로써 오늘날과 같은 철기문명을 일구어 냈다.

바퀴도 다르지 않다. 바퀴라고 하면 대부분 수레나 자동차의 바퀴 따위를 떠올릴 테지만 그뿐만이 아니다. 곡식을 찧는 물레방아도, 바람의 힘을 모으는 풍차도 바퀴의 원리를 이용한 것이다. 창틀 아래에도, 의자 밑에도, 시계 속에도 바퀴가 있다. 지금처럼 교통과 산업이 발전한 까닭도 각종 기계 속에 들어 있는 톱니바퀴의 움직임 덕분이다.

돈 역시 처음에는 거래의 편리함을 위해 만든 것이다. 물물교환 시대를 떠올려 보자. 소금 한 자루나 쌀 한 자루를 낑낑대며 짊어지고 가서 바꾸려면 얼마나 힘이 들겠는가? 이런 불편함을 덜기 위해 돈이 탄생했지만 진화를 거듭하면서 오늘날 자본주의라는 복잡하고 거대한 경제 구조를 만들어 냈다.

이처럼 우리 생활 속 아주 가까이에는 인류의 역사에 중요한 획을 그은 것이 수도 없이 널려 있다. 눈을 크게 뜨고 보면 역사는 우리가 먹는 밥에도 있고, 늘 입고 다니는 옷에도 있고, 심심할 때 가지고 노는 장난감에도 있다. 신발 밑에도 있고, 시계 속에도 있고, 성냥갑에도 있고, 주머니 속의 동전에도 있다.

〈별난 세상 별별 역사〉 시리즈를 만든 것은 그런 이유다. 우리 주위에서 쉽게 마주치는 물건들의 눈을 통해 인류의 역사와 문명을 한번 꿰뚫어 보자는 것이다. 똑같은 역사라도 산업의 관점에서 보는 것과 돈의 관점에서 보는 것, 바퀴의 관점에서 보는 것은 다르다. 이 시리즈에서 주제어가 된 다양한 사물은 인류의 역사적 흐름을 읽어 내는 열쇠 구실을 한다. 그 열쇠로 역사의 문을 열어젖히면 놀라운 일이 벌어질 것이다. 그동안 무심코 지나쳤던 사물 속에서 우리가 미처 알지 못한 재미난 이야기가 수두룩하게 쏟아져 나올 테니까 말이다.

역사를 흔히 큰 강에 비유한다. 하지만 작은 물줄기가 모여야 큰 강이 이루어진다. 인류의 역사도 마찬가지다. 다양한 분야의 역사가 모여 큰 역사가 만들어진다.

세상 사람들은 각각의 생김새만큼이나 서로 다른 관심거리와 취향을 가지고 있다. 정치나 경제, 사회, 예술 같은 무거운 주제에 관심을 가진 이도 있지만 패션, 요리, 장신구 같은 생활 문화나 로봇, 자동차, 컴퓨터 같은 과학 기술, 혹은 우주, 공룡, UFO 같은 신비한 세계에 관심을 가진 이도 있다.

여러분이 어떤 사물에 지대한 관심과 애착을 가진 마니아라면 이 시리즈를 통해 그에 대한 호기심과 갈증을 채울 테고, 그렇지 않더라도 폭넓은 지식과 교양을 쌓을 수 있다. 모쪼록 이 시리즈 하나하나가 여러분이 세상 보는 눈을 키우는 데 보탬이 되고, 다양한 역사 상식을 얻을 수 있는 보물 창고가 되길 바란다.

— 글터 반딧불

차례

프롤로그 – 꼬물꼬물, 온 세상이 미생물 천지 … 8

제1장 세균과 바이러스의 정체

1. 원시적인 치유 본능—침 바르고 오줌 바르고 … 12
2. 악귀들의 장난질을 물리쳐라! … 15
3. 세균이 모든 생명체의 조상이다? … 19
4. 지구는 세균과 바이러스의 천국 … 22
5. 세균이 다 나쁜 건 아니야! … 27
6. 세균도 죽이는 무서운 바이러스 … 30
7. 현미경으로 밝힌 세균의 정체 … 34
8. 작아도 너무 작은 바이러스 … 38

제2장 세계 역사의 흐름을 바꾼 전염병 – 고대와 중세

1. 승패가 뒤바뀐 펠로폰네소스 전쟁 … 44
2. 천년 왕국 로마를 무너뜨린 천연두와 말라리아 … 48
3. 돌림병이 십자군 전쟁의 승패를 갈랐다? … 52
4. 신의 저주를 받은 한센병의 비극 … 55
5. 중세 시대의 몰락을 가져온 흑사병 … 59
6. 백년전쟁을 멈추게 한 흑사병 … 65

제3장 세계 역사의 흐름을 바꾼 전염병-근현대

1. 아스테카와 잉카 제국을 멸망시킨 천연두 … 70
2. 전쟁 영웅 나폴레옹조차 패하게 만든 전염병 … 75
3. 황열병이 노예제를 없애는 데 큰 공을 세웠다? … 79
4. 미인과 천재의 병이라며 부러워한 결핵 … 84
5. 콜레라 대유행으로 위생 관념이 생겨나다 … 88
6. 스페인 독감, 전쟁보다 무서운 20세기 최고의 재앙 … 92

제4장 전염병에 대한 인류의 도전과 반격

1. 생명체는 자연에서 저절로 생겨난다? … 98
2. 세균 탐정 파스퇴르와 코흐의 대결 … 102
3. 전염병 퇴치의 보호막, 백신 개발 … 107
4. 생명을 살리는 기적의 치료제 … 112
5. 질병을 부르는 환경 파괴는 이제 그만! … 117

참고문헌 … 124

프롤로그

꼬물꼬물, 온 세상이 미생물 천지

인간의 눈이 세상에 있는 모든 것을 다 볼 수 있을까? 아쉽게도 그렇지 않단다. 너무 멀리 있는 것은 보지 못하고, 가까이 있어도 너무 작은 것은 보지 못해. 보이지 않으니 무시해도 된다고? 오히려 그 반대야. 보이지 않기 때문에 더 무서울 수 있어. 세균이나 바이러스 같은 미생물이 바로 그런 존재란다.

실제로 깨끗해 보이는 손을 현미경으로 들여다보면 어떨까? 우리 손에는 수백만, 수천만 마리의 미생물이 우글거리고 있어. 손뿐만 아니라 얼굴, 팔, 다리 등 몸 구석구석이 세균 천지야. 몸속이라고 다르지 않아. 입속에도 무수한 미생물이 득시글거리고, 위장과 소장, 대장 등의 장기에도 살고 있지.

우리가 생활하는 공간도 마찬가지야. 매일 쓰는 핸드폰을 비롯하여 책상이나 컴퓨터, 가방, 연필, 지우개, 현관문, 부엌, 화장실 등 곳곳에 미생물이 가득하지. 심지어 우리가 숨을 쉬는 공기 중에도 바이러스가 떠 있을 정도야. 세상이 온통 미생물 천지인데 이것들 등쌀에 인간이 어떻게 살 수 있냐고? 지구에는 수많은 동물과 식물이 인간과 함께 살아가고 있어. 미생물도 인간과 함께 살아가는 동반자인 거야.

다만 동물 가운데에는 소, 돼지, 닭처럼 인간에게 이로운 가축이 있지만 모기나 진드기처럼 해를 끼치는 해충도 있어. 식물도 인간에게 약이 되는 풀이 있지만 독이 되는 풀도 있지. 마찬가지로 세균이나 바이러스도 인간에게 도움이 되는 것이 있는 반면 재앙에 가까운 해를 끼치는 것도 있단다.

그럼, 지금부터 세균이나 바이러스가 어떤 존재이며, 인류의 역사에 어떤 영향을 끼쳤는지 살펴볼까?

세균 혹은 바이러스라고 하면 대부분의 사람들은 부정적인 생각을 가지고 있어.
병균을 떠올리기 때문이지. 하지만 병균은 극히 일부일 뿐이고,
미생물은 지구의 생태계를 지탱하는 힘이라고 해도 과언이 아니야.
세균과 바이러스는 너무 작아서 그 존재를 알지 못하다가
현미경이 개발되면서 점차 정체가 밝혀지기 시작했어.
그럼, 세균과 바이러스에 대한 오해와 진실을
차근차근 알아볼까?

1 원시적인 치유 본능 – 침 바르고 오줌 바르고

2020년 전 세계에는 불길한 기운이 돌았어. 국가와 도시 곳곳이 봉쇄되고, 수많은 사람들이 목숨을 잃었지. 무슨 큰 전쟁이나 자연재해가 일어났냐고? 천만의 말씀이야. 눈에 보이지도 않는 작은 바이러스 때문이었지. 코로나 19(COVID-19)라 이름 붙여진 바이러스가 그 주인공이야. 이것이 지구촌에 갑작스럽게 들이닥치면서 전 세계인을 공포의 도가니로 몰아넣었어. 전 세계적으로 감염자가 수천만 명에 이르렀고 사망자도 수십만 명이나 되었지.

코로나 19는 호흡기 질환을 일으키는 전염병이야. 가벼운 감기 증상에 그치는 경우도 있지만 심할 경우 폐가 손상되고 호흡 곤란을 일으켜 사망에 이르게 해. 젊은 층보다 면역력이 약한 노년층에서 희생자가 많이 나왔지.

유행 초기에는 백신이나 치료약이 없어 병에 제대로 대응하지 못했어. 주로 침방울이나 신체 접촉을 통해 감염이 되었기 때문에 마스크를 쓰고, 사회적 거리 두기를 하면서 가급적 모임을 삼가는 것만이 유일한 예방책이었지.

의학 지식이 매우 발달한 현대에도 이처럼 갑작스런 전염병에는 발 빠르게 대처하지 못하는 경우가 있어. 병의 원인균이 무엇인지 정체를 파악해 백신이나 치료약을 개발하는 데 시간이 많이 걸리기 때문이지.

그렇다면 시곗바늘을 수백만 년 전의 원시 시대로 돌려 보자. 그때는 어땠

을까?

당연히 병의 원인조차 몰랐을 거야. 그러니 더욱 속수무책이었을 테지. 전염병이 걷잡을 수 없이 퍼질 때마다 무수히 많은 인류가 생명을 잃었을 거야. 예방법을 몰랐으니 확산도 그만큼 빨랐을 테고, 그에 따른 희생자도 많았겠지. 아마도 당시에는 본능적으로 자연 치유에 기댈 수밖에 없었을 거야.

지구상에 존재하는 모든 생명체는 스스로 몸을 보호하려는 본능을 가지고 있어. 숲에 가면 상쾌한 느낌이 드는 것은 식물들이 내뿜는 피톤치드 때문이야. 피톤치드는 식물들이 스스로를 보호하기 위해 내뿜는 항균 성분이지. 항균 기능을 가진 피톤치드 덕분에 병충해로부터 자신을 지킬 수 있는 거란다.

동물도 마찬가지야. 야생의 동물들은 상처가 나면 그 부분을 혀로 핥는 습성을 가지고 있어. 혀로 핥으면서 그 부위를 깨끗이 하고, 침 속에 있는 살균 성분으로 상처를 덧나지 않게 하는 거지.

인간 역시 예외는 아니야. 동굴 속에서 살던 원시 수렵인들은 사냥하다 다치거나 해충에 물렸을 때 침이나 오줌 같은 자신의 분비물을 발라 통증을 가라앉히곤 했어. 또는 진흙이나 풀잎을 짓찧어 발라 아픈 부위를 진정시켰지. 요즘도 모기에 물리면 약 대신 침을 바르기도 하니까 당시엔 더 말할 것도 없었을 테지.

당시 인류는 무서운 전염병이 돌아도 이처럼 본능에 따른 치유나 방어적인 행동밖에 하지 못했을 거야. 기껏해야 하늘에 기도하는 게 전부였겠지. 그러다 보니 전염병이 돌면 원시 시대의 인류는 떼죽음을 면치 못했어.

2 악귀들의 장난질을 물리쳐라!

아픈 곳을 치료하려는 행위는 동식물을 막론하고 본능에 따른 것이야. 인류는 사회 집단을 형성하면서 이런 본능에서 차차 벗어나기 시작했어. 무시무시한 자연의 재난과 질병, 죽음 앞에서 인간은 초자연적인 신의 위력에 두려움을 느끼며 숭배하기에 이르렀지.

병의 원인이 무엇인지 정확히 몰랐기 때문에 병이 신의 노여움에서 비롯된다고 생각했어. 병에 걸린 환자가 무엇인가 잘못을 저질러 하늘로부터 벌을 받는 것이라 믿었지. 병을 낫게 하려면 당연히 신의 노여움을 풀어 주어야 했어. 신에게 제물을 바치고 정성을 다해 기도하면 신의 용서를 받아 결국 나을 수 있다고 생각했던 거야.

이렇게 신앙을 통해 질병을 고치려는 의식은 종교의 역사와 함께 시작되었다고 해도 틀리지 않아. 세계의 모든 종교에는 이런 식의 치료가 존재하거든.

아직 종교가 성숙되지 않은 원시의 무속 신앙이나 민간 신앙에서도 마찬가지였어. 무속인이 곧 치료사였지. 질병은 죽은 자의 혼령이나 악귀 등이 달라붙어 생겨난다고 믿었어. 무속인이 푸닥거리를 통해 죽은 혼령을 위로하거나 악귀를 쫓아 버리면 병이 낫는다고 여겼던 거지. 당시에는 귀신과 통하는 무속인이 하늘에 기도를 올리는 제사장이었으며, 병마를 내쫓고 질병을 다스리는

의사였으며, 집단을 이끌어 가는 통치자였단다.

    문명이 발달하면서 종교적 치료와 경험적으로 알게 된 의료 지식이 결합하는 모습을 보이기도 했어. 고대 그리스에서는 병에 걸린 환자들이 의술의 신을 모시는 신전에서 요양했다고 해. 신전은 도시와 멀찌감치 떨어진 외딴곳에 지어졌고, 꿈을 통해 병을 고치는 아주 특이한 치료 방식이 있었다는구나.

    구약성서에도 비슷한 내용이 있어. 악성 피부병에 걸린 사람에 관한 율법이 그것이야. 누구든 살갗에 붉은 반점이나 부스럼 등이 생기면 즉시 제사장에게 보여야 했어. 제사장은 그를 부정한 사람이라고 선언한 뒤 7일 동안 마을에서 격리시켰지. 그렇게 7일마다 상태를 지켜본 뒤 상태가 나아지면 하느님께 제물을 바치고 속죄했어. 그런 다음 옷을 빨고, 몸의 털을 모두 밀고, 목욕을 깨끗이 하면, 그는 다시 바른 사람이 되었던 거야. 당시 7일 동안 격리시켰던 건 단순 피부병인지 나쁜 전염병의 증상인지를 알아보기 위해 그랬던 것 같아.

현대 의학의 기준으로 봤을 때도 이런 치료와 예방은 병의 확산을 막는 데 큰 도움이 돼. 환자를 격리시키고 몸을 청결히 한 건 대단히 현명한 행위였으니까. 하지만 이것은 경험에 따른 처방이었을 뿐, 병의 원인이 눈에 보이지도 않는 미세한 세균이나 바이러스 때문인 건 까맣게 몰랐단다.

민화 〈까치 호랑이〉

민화는 우리 선조들의 생활 풍속을 담고 있는 그림인데, 가장 인기 있던 민화는 〈까치 호랑이〉야. 보통 화면 한복판에 커다란 호랑이 한 마리를 그리고, 소나무에 까치가 앉아 있는 형식이지. 새해가 되면 이 그림을 대문에 붙여서 재앙을 막았다고 해.

옛날에는 지금처럼 의학이나 과학 기술이 발달하지 않았어. 그래서 사람들이 질병에 걸리거나 액운이 닥치면 그게 다 못된 귀신들의 장난질이라 생각했지. 귀신도 사람처럼 문을 통해 드나든다고 믿었기 때문에 악귀를 물리치는 그림을 문짝에 붙여 사악한 기운이 집 안으로 들어오지 못하도록 막았던 거란다.

민화 〈까치 호랑이〉, 국립중앙박물관

신비한 꿈 치료

고대 그리스의 항구 도시인 에피다우로스에는 의술의 신으로 추앙받은 아스클레피오스의 신전이 있었어. 아폴론 신의 아들인 아스클레피오스가 이 도시에서 태어났다고 알려져 있지. 신전에서는 그리스 전역에서 모여든 병자들이 치료를 받았는데 그 방법이 아주 독특해. 환자가 신전에서 잠을 청하면 꿈에 뱀이 감겨 있는 지팡이를 든 아스클레피오스 신이 나타나 치료법을 알려 주었다는 거야. 신전에는 아래와 같은 신비로운 치료 기록도 적혀 있지.

뱃속에 종양이 생긴 사내가 찾아왔어. 신전에서 잠든 사이 꿈을 꾸었지. 꿈에 아스클레피오스가 나타나 그를 단단히 붙들어 매라고 했어. 사내는 도망치려 했으나 시종들이 그를 문고리에 묶어 버렸어. 그러자 아스클레피오스는 그의 배를 갈라 종양을 끄집어낸 뒤 배를 꿰매고 풀어 줬어. 사내는 꿈에서 깨어나 신전을 멀쩡히 걸어 나갔으나 그가 누웠던 바닥에는 피가 흥건했다고 해.

그런데 아스클레피오스는 늘 뱀이 감긴 지팡이를 들고 다녔대. 이 뱀은 놀라운 능력을 지니고 있었어. 병자에게 약이 되는 약초를 귀신같이 찾아냈지. 그 약초로 죽은 사람도 살려냈다는구나. 오늘날 전 세계인의 건강과 질병 퇴치를 위해 만들어진 세계보건기구(WHO)는 이 뱀이 감긴 지팡이를 상징 마크로 하고 있단다.

 ## 3 세균이 모든 생명체의 조상이다?

우리가 아는 지구촌의 생물은 나무나 풀 같은 식물과 호랑이나 곰, 다람쥐 같은 동물이야. 하지만 자연에는 눈에 보이지 않는 아주 작은 생명체도 무수히 많아. 그것을 미생물이라 부르지. 눈에 보이지도 않는 하찮은 생명체이니 무시해도 된다고? 천만의 말씀이야. 인간이 현재 지구촌의 주인 행세를 하고 있지만 어쩌면 이 지구의 진짜 주인은 미생물일지도 몰라. 이게 무슨 말이냐고? 잘 들어 봐!

사람은 1년에 한 살씩 나이를 먹어. 우리가 살고 있는 지구도 마찬가지야. 지금까지 밝혀진 바에 따르면 현재 지구의 나이는 46억 년 정도 됐다고 해. 이 오랜 세월 가운데 처음 인류가 출현한 것은 약 300만 년 전에 불과하지. 아마 여러분은 46억 년에서 300만 년에 이르는 시간이 얼마나 긴지 잘 상상이 되지 않을 거야.

그럼, 잠시 이해를 돕기 위해 지구의 나이를 1년 단위로 바꿔서 계산해 볼까? 가령 지구가 새해 첫날인 1월 1일에 태어났다고 한다면 인류가 출현한 것은 맨 마지막 날인 12월 31일 오후쯤이 될 거야. 정말 어마어마한 시간을 건너뛰어 인류의 조상이 이 땅에 모습을 드러낸 것이지.

그렇다면 세균이나 바이러스 같은 미생물은 언제쯤 지구에 생겨났을까? 과

학자들은 35억 년 전쯤으로 보고 있어. 인간보다 훨씬 앞서 3월 말이나 4월 초쯤 지구에 출현한 셈이지. 이들이 지구가 탄생한 뒤 나타난 최초의 생명체라고 할 수 있어. 그러니 지구의 주인이라고 해도 틀린 말이 아니야.

지구가 처음 탄생했을 때는 지금과는 환경이 사뭇 달랐어. 불덩이처럼 뜨거웠고, 산소도 거의 없었지. 생명체가 살기 어려운 곳이었어. 이때 나타난 것이 시아노박테리아라 부르는 세균이야. 이것은 남세균이라고도 하는데 식물처럼 엽록소를 가지고 광합성을 하는 특성이 있어. 광합성을 통해 만든 산소를 공기 중으로 내보내면서 지구의 환경이 달라졌지.

산소는 모든 생명체가 자랄 수 있는 기본 조건이야. 산소가 풍부해지면서 새로운 생명체가 지구에 탄생하고 이들이 진화를 거듭하여 오늘날에 이른 거지. 따지고 보면 우리 인간도 그런 진화의 결과물인 셈이야. 인간뿐 아니라 지구상의 모든 생명체의 조상을 만나기 위해 수십억 년 전의 까마득한 과거로 거슬러 올라가면 작은 세균을 마주할 수 있어. 그러니 한마디로 모든 생명체가 세균에서 비롯되었다고 말할 수 있지.

그걸 어떻게 증명할 수 있냐고? 우리 몸을 이루는 가장 작은 단위는 두말할 것도 없이 세포야. 세포의 가장 안쪽에 동그란 핵이 있는데 그 속에 유전자 정보가 꽁꽁 밀봉되어 있어. 놀랍게도 세포핵 속 인간 유전자의 8퍼센트 정도는 바이러스에서 옮겨 온 것이고, 37퍼센트 정도는 세균에서 온 거라고 해. 인간이 세균이나 바이러스를 하찮게 보며 무시할 수 없는 이유를 이제 알겠지?

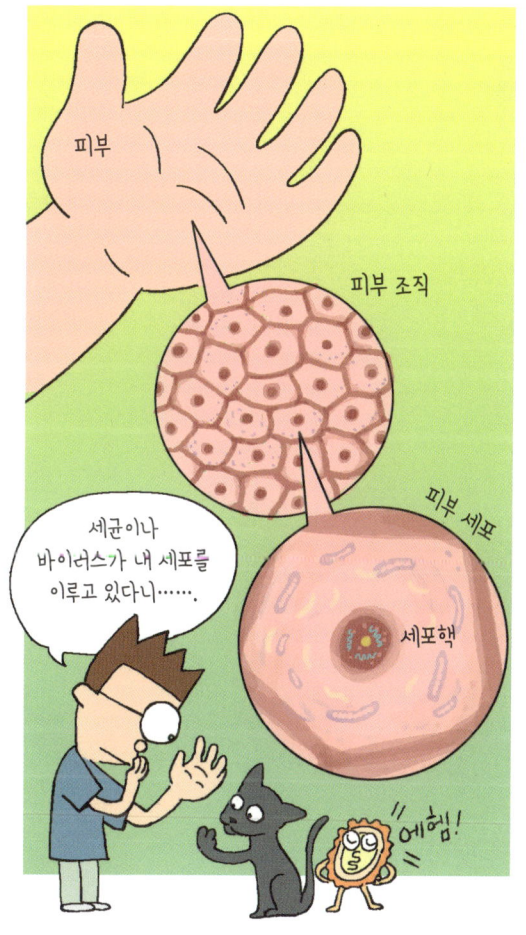

4 지구는 세균과 바이러스의 천국

미생물은 말 그대로 눈에 보이지 않는 작은 생물체를 이르는 말이야. 영어로는 마이크로브(microbe)라고 표기해. 매우 작다는 뜻의 고대 그리스어 미크로스(mikros)와 생물을 뜻하는 바이오스(bios)란 말이 합쳐진 거야. 미생물에는 크게 원생생물, 세균, 진균류(곰팡이), 바이러스 등이 포함되지.

미생물은 현미경으로나 볼 수 있는 작은 크기라는 거지?

이들을 합쳐 미생물이라고 뭉뚱그려 부르지만 사실 눈으로 관찰할 수 없을 만큼 아주 작다는 것을 빼면 서로 간에 공통점이 거의 없어. 크기도 다르고 생명체로서 존재하는 방식도 다르거든. 게다가 숫자나 종류가 엄청 많아서 전문적으로 연구하는 사람들조차도 일일이 이름을 기억하기 어려울 정도야.

이처럼 우리가 사는 지구는 미생물 천지라고 할 수 있어. 우리 몸은 물론이고 먹는 음식, 공부하는 책상, 컴퓨터 키보드, 핸드폰에도 미생물이 우글거리고, 심지어 매일 들이마시는 공기 중에도 미생물이 떠 있어. 손 닿는 곳 어디든지 미생물이 없는 곳이 없다고 보면 돼.

지구상의 모든 미생물을 한데 모으면 그 무게가 무려 5천억 톤이나 된대. 이는 지구에 사는 모든 동식물과 인간의 무게를 합친 것보다 더 많은 거라고 해. 이 정도면 지구는 미생물 천국이라고 해도 과언이 아니지.

미생물이 이렇게 많으면 지구에 큰 해악이 될 거라고? 그렇지 않아. 미생물은 자연이나 사람에게 대부분 이로운 존재야. 다만 몇몇 미생물이 사람에게 해

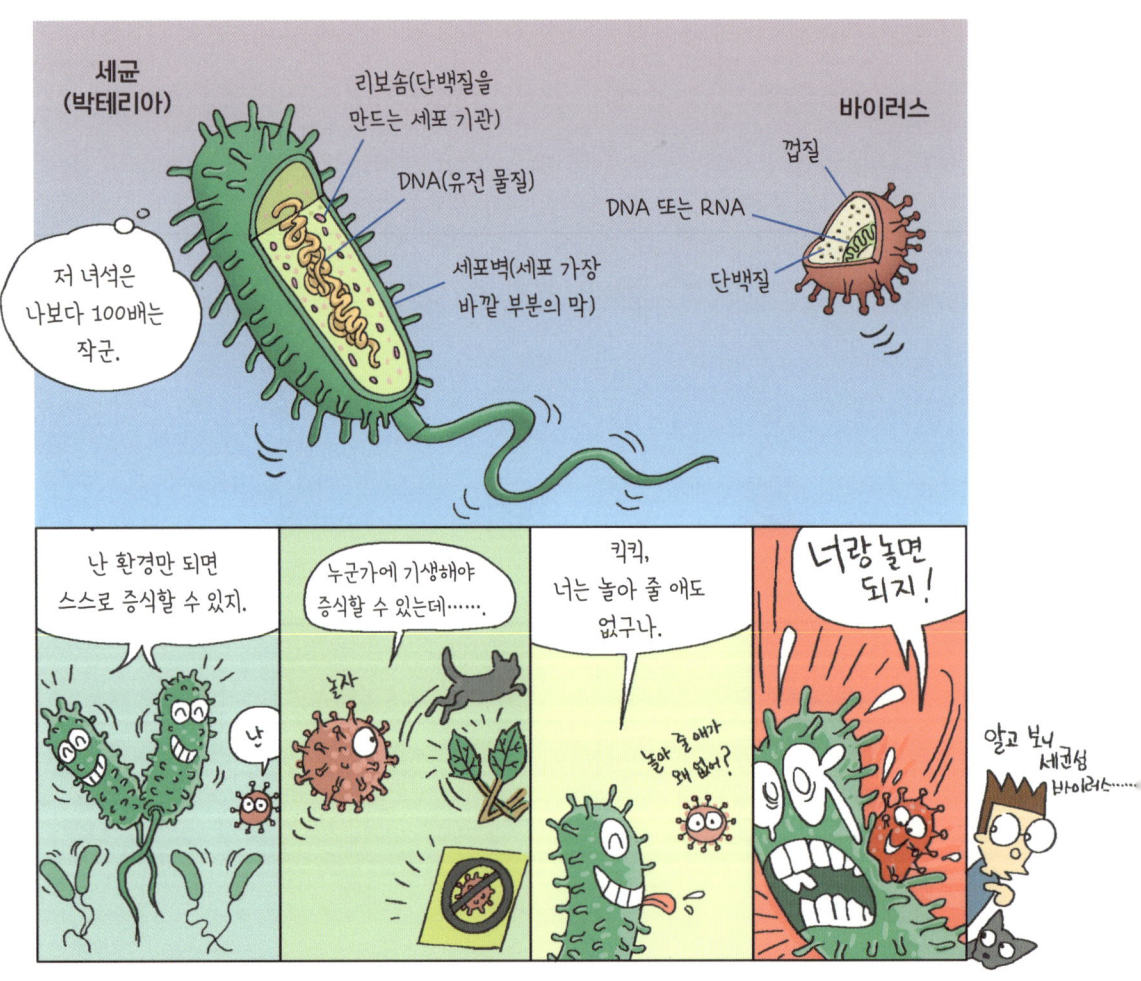

를 끼치곤 하지.

　이 책에서는 미생물의 대표 주자라 할 수 있는 세균과 바이러스에 대해서만 다룰 거야. 인간의 전염병과 크게 관련이 있는 게 두 가지이기 때문이지.

　세균과 바이러스를 혼동하는 사람이 많은데 과학자들은 이 둘을 엄격히 구분해. 존재하는 방식이 완전히 다르거든. 세균은 하나의 세포로 이루어진 독립된 생명체야. 혼자 힘으로 영양분을 섭취하고 세포 분열을 통해 개체수를 늘려 가는 방식으로 존재해.

　하지만 바이러스는 달라. 세포 이전의 단계에 머물고 있어. 다시 말해 유전 정보인 DNA나 RNA 분자가 단백질에 싸여 있는 상태지. 생물도 아니고 무생물도 아닌, 그 중간에 어정쩡하게 위치한 특이한 존재야. 과학자들 사이에서는 바이러스를 두고 생물이다, 아니다 하면서 티격태격 논쟁이 분분하단다.

　아무튼 바이러스는 생명체를 구성하는 기본 단위인 세포 구조를 갖추고 있지 않아. 당연히 혼자 힘으로는 번식할 능력이 없지. 그래서 다른 세포에 기생하여 살아가면서 개체를 늘려 가는데 그런 역할을 하는 세포를 '숙주'라고 해. 바이러스의 숙주 세포는 인간이나 동물뿐 아니라 세균도 될 수 있단다. 사람이 병에 걸려 죽듯이 세균도 바이러스의 공격을 받으면 소멸할 수 있다는 얘기지.

 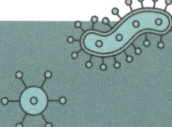

몸속 세균이 100조 개?

우리 몸속도 세균이 살지 않는 곳은 없어. 머리카락에도 살고, 입속에도 살고, 손톱 밑에도 살고, 피부에도 살고, 뱃속에도 살아. 우리 몸의 세포 수는 약 60조인데 세균은 훨씬 많은 100조 가까이 된다고 해. 숫자로만 보면 세균이 우리 몸의 주인인 셈이지.

그런데도 왜 세균이 주인이 되지 못했느냐고? 그건 크기가 아주 작기 때문이야. 우리 몸에서 가장 가는 머리카락이 0.1밀리미터쯤 되는데, 세균이나 바이러스는 수백, 수천 마리를 합쳐야 겨우 머리카락 하나의 굵기와 비슷해져.

우리 몸에서 세균이 가장 많이 사는 곳은 소화 기관이야. 사람이 밥을 먹어야 살듯이 세균도 영양분을 섭취해야 살 수 있어. 당연히 음식물 찌꺼기가 머무르는 소화 기관에 세균이 득시글거릴 수밖에 없지. 약 1천 종류나 되는 세균이 사는데 그 무게만 1.5킬로그램에 이른다고 해.

소화 기관 중 하나인 위에는 강한 산성을 띤 위산이 분비되기 때문에 세균이 살기 어렵고, 대장에 대부분의 세균이 몰려 있어. 그런데 장내 세균이 나쁜 것만은 아니야. 음식물 찌꺼기를 분해하여 소화를 돕고 사람에게 필요한 영양분도 만들어 내거든. 어찌 보면 우리 몸은 세포들과 세균들이 공생하는 하나의 생태계라고 할 수 있단다.

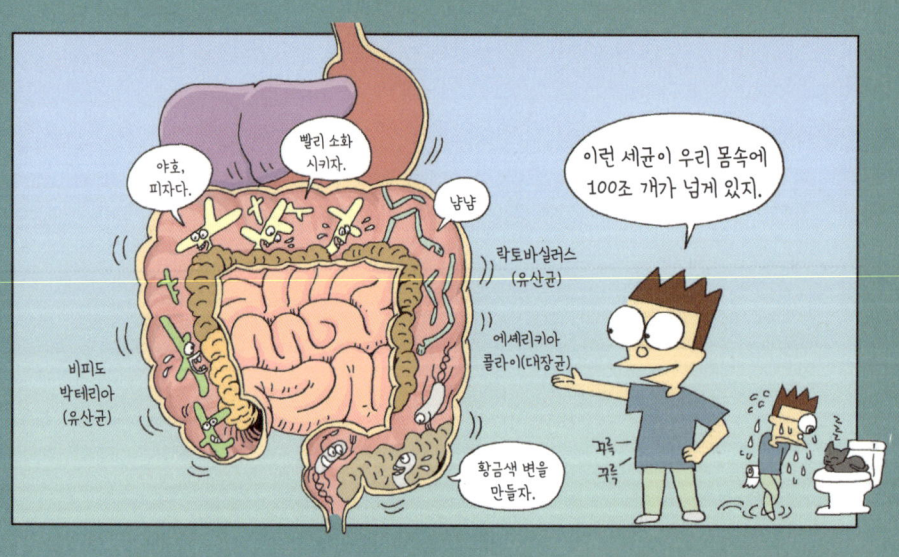

5 세균이 다 나쁜 건 아니야!

세균 혹은 바이러스라고 뭉뚱그려 부르는 이름 속에는 갖가지 종류의 미생물이 있어. 과일을 예로 들어 볼까? 과일에는 사과, 배, 포도, 복숭아, 감 등이 있어. 이들은 통틀어 과일이라고 부르지만 서로 생김새나 특성이 달라. 그뿐만이 아니야. 같은 사과라고 해도 빨간 홍옥이 있고, 파란 아오리가 있고, 맛이 좋은 부사가 있어. 포도 또한 거무스레한 캠벨이 있고, 청포도에 속하는 샤인 머스캣이 있지. 이처럼 같은 과일이라도 색깔이 다르고 맛도 다르지.

미생물도 마찬가지야. 미생물에는 세균, 곰팡이, 바이러스 등이 있는데 그 속에도 종류가 수천수만 가지야. 같은 세균이나 바이러스라고 해도 생존 방식이나 번식하는 특성, 끼치는 영향 등에 큰 차이가 있어. 어떤 차이가 있는지 알아볼까?

세균은 다른 말로 '박테리아'라고 불러. '작은 막대기'라는 뜻의 고대 그리스어 '박테리온'에서 나온 말이야. 생긴 모양이 작은 막대기처럼 길쭉하다는 의미지. 하지만 모든 세균이 막대 모양을 하고 있는 건 아니야.

세균을 관찰해 보면 생김새가 다양해. 막대형을 비롯해 둥근형, 사슬처럼 이어진 구슬형, 구불구불한 나선형, 그리고 각진 별 모양도 있어. 이 가운데 둥근형을 구균이라 하는데 공이 연결되어 있는 것처럼 생긴 것을 연쇄상 구균, 둥

근 공이 포도송이처럼 모여 있는 것을 포도상 구균이라 하지. 황색 포도상 구균은 흔히 우리가 음식을 잘못 먹었을 때 생기는 식중독의 주범이야.

단세포 생명체인 세균은 세포가 둘로 갈라지면서 번식을 해. 하나의 세포가 둘이 되고, 둘이 넷이 되고, 넷이 여덟이 되면서 엄청나게 늘어나지. 그래서 세균의 분열 속도는 몹시 빨라. 가령, 장에서 흔히 볼 수 있는 대장균은 20분마다 한 번씩 분열을 한대. 구체적으로 따져 보면 대장균 1마리가 한 시간 뒤에는 8마리가 되어 있는 셈이지. 그러니 세균성 전염병이 빨리 퍼지는 거란다.

물론 세균이 인간에게 모두 해로운 건 아니야. 무서운 전염병을 일으키는 건 일부에 지나지 않아. 파상풍균, 콜레라균, 결핵균 등은 전염성이 강한 해로운 세균이지만 음식을 발효할 때 쓰이는 유산균이나 항생 물질을 만드는 방선균 등은 우리에게 이로운 세균이지.

　그 밖에도 자연 생태계에서는 각종 세균이 자신의 역할을 하고 있기 때문에 건강한 생태 환경을 유지할 수 있는 거란다. 먹다 남은 음식물 찌꺼기를 텃밭에 버렸다고 생각해 봐. 만약 각종 미생물이 없다면 이 음식물 찌꺼기는 썩지도 않은 채 그대로 남아 있을 거야. 음식물뿐 아니라 죽은 나무도, 동물의 사체도, 인간이 배설한 똥과 오줌도 그 상태 그대로 남게 될 거야. 그러면 지구는 오랜 옛날부터 지금까지 쌓인 각종 오염물로 뒤덮여 쓰레기 천지가 되었을 거야. 다행히 각종 미생물이 이것을 분해하고 썩게 만들지. 그 덕분에 토양에 이로운 거름이 되어 지구는 푸르른 생태계를 보전해 가는 거란다.

# 6 세균도 죽이는 무서운 바이러스

세균과 달리 바이러스는 우리에게 이로운 것보단 해로운 것이 많아. 엄밀히 말해 바이러스는 단일한 세포로 이루어진 생명체가 아니야. 그저 유전자 정보만이 단백질에 둘러싸여 있는 덩어리일 뿐이지. 독립된 생명체가 아니다 보니 세균처럼 혼자서 분열할 수가 없어. 그래서 필요한 게 숙주 세포야. 숙주 세포에 침투하여 그 속에서 자신의 유전자 정보를 퍼뜨리면서 번식하는데 그러면 숙주는 병에 걸리는 거지. 인간이나 동물이 바이러스에 감염되어 병이 드는 것은 이런 이유 때문이야.

바이러스는 숙주 세포에 따라 크게 동물 바이러스, 식물 바이러스, 세균 바이러스가 있어. 동물 바이러스는 직접 접촉하거나 곤충을 통해 감염이 돼. 예를 들자면 감기 걸린 사람을 접촉하면 감기 바이러스가 옮게 되고, 감염된 모기에 물리면 뇌염이나 뎅기열 바이러스에 노출되는 식이지. 동물 바이러스가 일으키는 대표적인 질병으로는 독감, 천연두, 볼거리(유행성 이하선염), 소아마비, 에이즈 등이 있단다.

식물 바이러스는 벼, 고추, 감자 등의 식물에 병을 일으키는 것들이야. 식물 조직의 상처를 통해 바이러스가 직접 침투하거나 멸구, 매미충, 진딧물 등의 곤충이 옮기는 경우가 있지. 대표적인 식물 바이러스 질병에는 벼오갈병, 줄무

늬잎마름병, 담배모자이크병 등이 있어.

제일 재미있는 것은 세균 바이러스야. 세균조차도 바이러스에 감염되어 병이 든다는 얘기야. 대표적인 세균 바이러스로 박테리오파지가 있어. 박테리오파지는 세균을 의미하는 '박테리아(bacteria)'와 먹는다는 뜻의 '파지(phage)'가 결합된 말이야. 다시 말해 세균을 잡아먹는, 혹은 세균을 죽이는 바이러스라는 뜻이지. 이것은 어떤 특정한 바이러스를 일컫는 말이 아니야. 세상의 모든 나무나 풀을 통틀어 식물이라고 하는 것과 같이 세균을 공격하는 바이러스를 통틀어 박테리오파지라고 하지.

박테리오파지의 증식 방법을 보면 아주 놀라워. 앞서 말한 대로 바이러스는 고장 난 기계처럼 스스로는 아무것도 할 수가 없어. 하지만 다른 생명체의 세

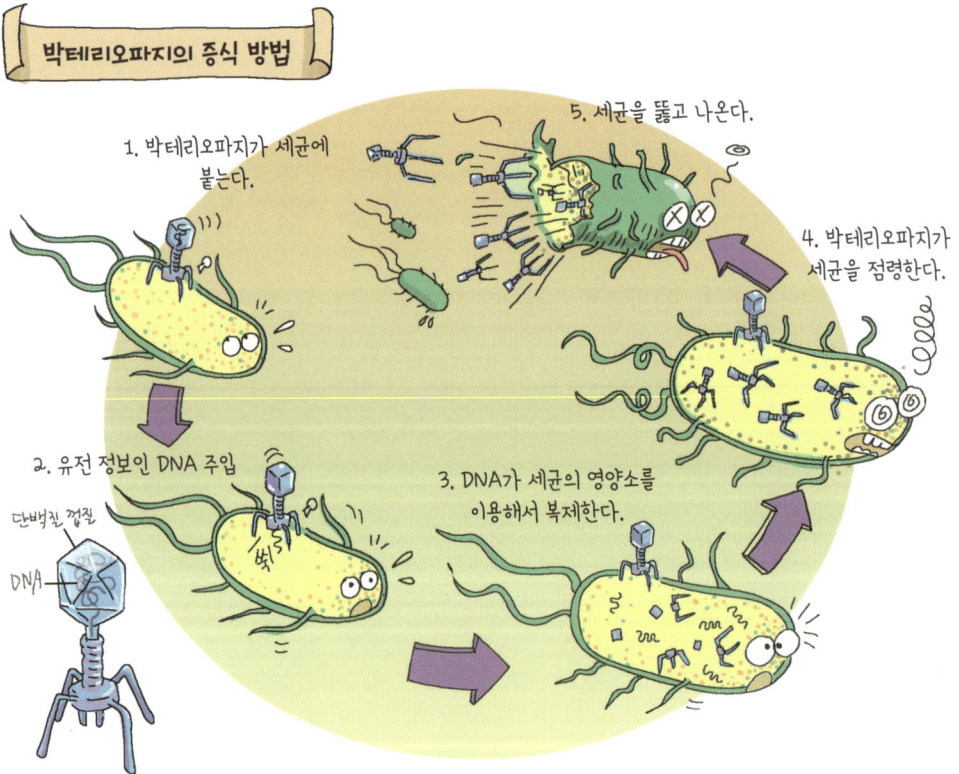

포에 달라붙기만 하면 물 만난 고기처럼 활동을 시작해. 이것이 숙주 세포인데 박테리오파지는 세균을 숙주 세포처럼 활용하는 거야. 세균도 하나의 세포로 이루어졌거든.

　박테리오파지는 세균에 모기처럼 달라붙어 자신의 유전 정보를 주사기처럼 그 안으로 집어넣어. 그러면 세균은 명령에 따라 그 유전 정보를 복제해. 어리숙한 세균이 바이러스의 거짓 명령에 속는 거지. 그렇게 번식한 박테리오파지는 세균을 뚫고 나와 또 다른 세균을 찾아 나서게 되고, 숙주가 된 세균은 죽음에 이르게 된단다.

박테리오파지가 지구 생태계를 유지한다?

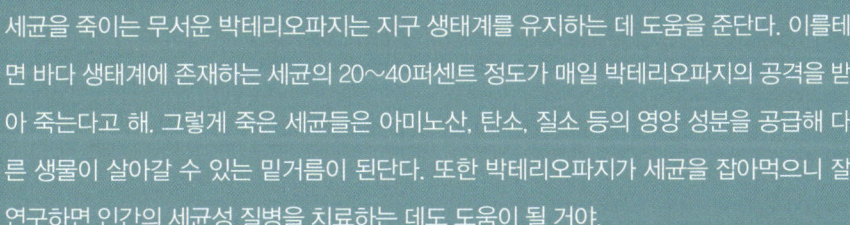

세균을 죽이는 무서운 박테리오파지는 지구 생태계를 유지하는 데 도움을 준단다. 이를테면 바다 생태계에 존재하는 세균의 20~40퍼센트 정도가 매일 박테리오파지의 공격을 받아 죽는다고 해. 그렇게 죽은 세균들은 아미노산, 탄소, 질소 등의 영양 성분을 공급해 다른 생물이 살아갈 수 있는 밑거름이 된단다. 또한 박테리오파지가 세균을 잡아먹으니 잘 연구하면 인간의 세균성 질병을 치료하는 데도 도움이 될 거야.

# 7 현미경으로 밝힌 세균의 정체

사람은 누구든 병에 걸리기 마련이야. 병에 걸린다는 것은 거꾸로 말해 살아 있다는 증거이기도 하지. 죽은 생물체는 절대로 병에 걸릴 일이 없으니까.

질병이 생기는 이유는 여러 가지인데 크게 두 가지로 나눌 수 있어. 사람에게 병을 일으키는 미생물을 '병원균'이라 불러. 독감, 말라리아, 천연두처럼 병원균에 의해 옮기는 걸 감염성 질병이라 하고, 당뇨나 고혈압처럼 병원균이 아닌 신체의 기능적 이상 때문에 생기는 걸 비감염성 질병이라고 해.

의학 지식이 없던 옛날 사람들은 병에 걸려도 그것이 감염성인지 비감염성인지 구분하지 못했어. 병원균이 되는 미생물의 존재를 몰랐기 때문이야. 질병에 걸리는 걸 신이 내린 벌이나 귀신의 장난쯤으로 여겼던 거지. 그래서 치료 대신 신에게 제사를 올리거나 귀신을 쫓는 푸닥거리를 벌였던 거야.

당시 사람들이 몹시 어리석었다고 생각할 수도 있지만 그때는 그럴 수밖에 없었을지도 몰라. 미생물은 맨눈으로는 절대 볼 수가 없어. 보이지 않으니 미생물의 존재를 알 수도 없었던 거지.

그렇다면 도대체 인류는 언제부터 미생물의 존재를 알게 된 걸까? 미생물은 맨눈으로는 볼 수 없으니 현미경의 도움을 받아야 해. 미생물의 관찰은 현미경의 발달과 떼려야 뗄 수 없는 관계지.

현미경을 최초로 만든 사람은 16세기 말 네덜란드의 얀센 부자로 알려져 있어. 아버지 얀센과 아들 얀센은 안경 제조업자였는데 렌즈 두 개를 사용하면 물체를 확대해 볼 수 있다는 걸 알고 현미경을 처음 개발했지.

그 뒤 망원경을 개발한 이탈리아의 과학자 갈릴레오 갈릴레이가 망원경을 만들 때 사용한 원리를 반대로 적용해 아주 작은 물체를 크게 볼 수 있는 현미경을 개발했어. 하지만 이를 이용해 특별한 업적을 남기지는 못했지.

현미경을 만들어 가장 큰 성과를 이룬 사람은 17세기 네덜란드의 안톤 판 레이우엔훅이야. 그는 과학자가 아니었어. 옷감을 다루는 상인이었지. 그는 옷감

의 상태와 질을 꼼꼼히 살펴보기 위해 렌즈에 관심을 가졌어. 그러다가 현미경까지 만들게 된 거지. 당시 그가 만든 현미경은 엄지손가락만 한 크기의 금속판에 렌즈 두 개를 겹쳐서 배율을 높인 거야. 지금의 눈으로 보면 '애걔, 이게 무슨 현미경이야?' 할 테지만 이것만으로도 대상을 270배나 크게 확대시켜 볼 수 있었다고 해.

　레이우엔훅은 그 현미경으로 온갖 것들을 살펴봤어. 나뭇잎, 혈액, 빵의 효모, 식초, 맥주, 벌침, 파리 날개, 심지어 자신의 대변까지 관찰했지. 그러던 중 깨끗한 유리병에 빗물을 받아 관찰하다 놀라운 점을 알아냈어. 금방 내린 빗물에는 생명체가 없지만 그것을 오래 놓아두면 그 속에 살아 움직이는 작은 생명체가 점점 늘어나는 것을 발견했지. 그는 자신이 관찰한 미생물을 그림으로 자세히 그렸어. 비록 정식으로 과학 공부를 하지는 않았지만 그는 놀라운 호기심과 탐구 정신으로 미생물을 처음 관찰하고, 이를 기록으로 남기는 훌륭한 업적을 이루었단다.

 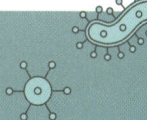

세균이 사는 방식, 인간이 사는 방식

세균은 하나의 생명체야. 그런 면에서 인간의 삶과 닮은 면이 참 많아. 인간은 여럿이 모여서 마을을 이루고 살기도 하지만 산속에 외딴집을 짓고 혼자 사는 걸 좋아하는 사람도 있어. 붐비는 거리를 돌아다니며 외부 활동을 활발히 하는 사람이 있는 반면 한 자리에 가만히 머물러 있거나 집 안에만 콕 박혀 있는 걸 좋아하는 사람도 있지.

세균도 다르지 않아. 각각의 종류마다 특성이 달라. 혼자 떨어져 있는 녀석도 있고, 쌍을 이루거나 무리를 짓는 녀석도 있어. 땅속이든 물속이든 어디든 잘 사는 녀석도 있고, 사람의 몸속같이 특정한 곳에만 사는 녀석도 있지. 잘 움직이지 않아 활동량이 적은 녀석이 있는가 하면 끊임없이 잘 움직이는 녀석도 있어. 잘 움직이는 녀석들 중엔 꼬리가 달려 있어 올챙이처럼 헤엄치듯 움직이는 재미난 녀석들도 있단다.

8 작아도 너무 작은 바이러스

인류의 역사에서 세균의 발견은 아주 뒤늦게 이루어졌어. 미생물 중 가장 크기가 작은 바이러스는 그보다 더 늦게 발견되었지. 왜냐고? 현미경이 발달하면서 눈에 보이지 않는 작은 세균의 존재는 알게 되었지만 바이러스는 그보다 더 작아서 보통 현미경으로도 관찰되지 않았기 때문이지.

얼마나 작기에 현미경으로도 볼 수가 없냐고? 아주 작은 크기를 잴 때 '미크론'이라는 단위를 사용해. 머리카락 굵기는 100미크론 정도 되지. 그런데 바이러스는 대략 0.02미크론 정도의 크기라고 해. 다시 말해 바이러스 5천 개를 합쳐야 머리카락 하나의 굵기와 비슷해진다는 뜻이야. 거꾸로 말하면 머리카락 굵기를 5천 개로 나눈 것만 한 크기라는 얘기야. 얼마나 작은지 대충 짐작이 가지? 그러다 보니 현미경으로도 쉽게 발견하기 어려웠던 거란다.

그럼 꼭꼭 감춰져 있던 바이러스의 정체는 언제 어떻게 탄로 난 걸까?

19세기에는 전 세계적으로 담배 산업이 발전했어. 담배의 수요가 늘면서 미국과 유럽 여러 나라에서는 담배를 팔아 얻는 세금이 국가 재정에서 큰 부분을 차지했지. 그런데 큰 골칫거리가 생긴 거야. 담뱃잎에 모자이크 모양의 얼룩얼룩한 반점이 생기면서 잎이 말라 가는 병이 유행하기 시작했어. 피해를 줄이기 위해 병의 원인이 무엇인지 찾아야 했지.

1892년 러시아의 식물학자 드미트리 이바노프스키는 담배모자이크병을 연구하고 있었어. 그는 시험 삼아 병에 걸린 담뱃잎에서 즙을 짜내어 성한 잎에 발라 보았지. 그랬더니 거기서도 담배모자이크병이 생긴 거야.

'옳거니, 병을 옮기는 균이 있는 거로구나. 어떤 놈인지 정체를 밝혀내야겠어!'

그는 병원균을 찾기 위해 여과기를 이용했어. 세균이 들어 있는 용액을 여과기에 넣으면 세균이 걸러졌지. 구멍이 매우 작아 어떤 세균도 이것을 통과할 수 없었거든. 그런데 이상한 일이 일어났어. 병든 담뱃잎의 즙을 짜내 여과기에 걸렀지만 어떤 세균도 보이지 않는 거야. 뿐만 아니라 여과기를 통과한 즙을 다른 잎에 바르자 거기서도 담배모자이크병이 생기는 거 아니겠어?

'아. 이건 세균 말고 병의 원인이 따로 있나 보군. 도대체 뭘까?'

이바노프스키의 연구는 안타깝게도 더 나아가지 못하고 여기서 멈추고 말았지.

비슷한 시기에 네덜란드에 담배모자이크병을 연구하는 또 다른 식물학자가 있었어. 마르티뉴스 베이에린크가 그 주인공이야. 담배 판매업을 하던 아버지가 큰 타격을 입자 그는 병의 원인을 파헤치기 위해 연구에 돌입했지.

그 역시 병에 걸린 담뱃잎을 여과기에 걸러서 현미경으로 관찰했어. 하지만 병의 원인이 될 만한 세균을 찾아내지 못했지.

'음, 병의 원인이 세균이라면 여과기에 걸러져야 해. 여과기를 통과할 만큼 세균보다 더 작은 어떤 것이 있는 게 분명해. 병의 원인은 바로 그놈일 거야.'

이렇게 결론을 내린 베이에린크는 아직 알지 못하는 그 원인균을 바이러스라 이름 지었어. 라틴 말로 '독'을 뜻하는 단어였지.

1898년 베이에린크는 자신의 연구 결과를 발표했어. 그러나 사람들의 관심을 끌지 못했지. 왜냐하면 사람들은 보지 않으면 믿으려 하지 않으니까. 현미경으로 볼 수 없을 만큼 작은 바이러스를 세상 사람들에게 증명할 수가 없었던 거야.

1930년대 와서야 비로소 그의 연구가 관심을 끌게 되었어. 전자 현미경이 발명되어 세균보다 더 작은 것도 볼 수 있게 된 덕분이야. 바이러스가 세균과는 다른 미생물이란 사실이 명백해지고, 그의 말이 옳았다는 것이 증명되었지.

이후 천연두, 홍역, 독감, 구제역, 에이즈 등 수많은 질병이 바이러스 때문이란 것이 잇달아 밝혀졌어. 전염성이 강한 질병일수록 세균보다 바이러스가 원인이 되는 게 훨씬 더 많았지. 이런 이유로 바이러스는 20세기에 들어와 미생물 가운데 가장 활발한 연구 대상이 되었단다.

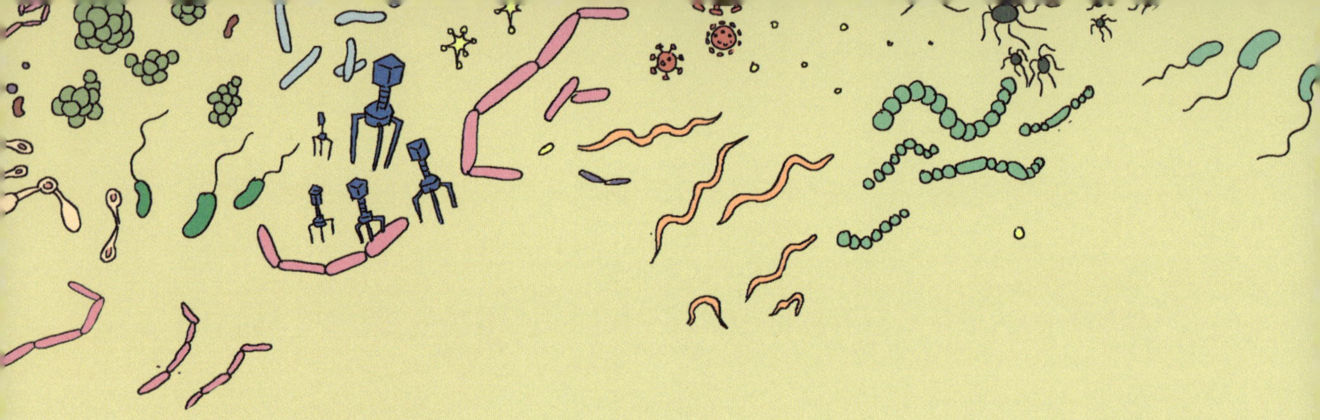

인류의 역사가 시작된 건 5천 년 정도야.

이 긴 세월 가운데 세균의 존재를 알게 된 것은 기껏해야 300여 년,

세균보다 작은 바이러스를 알게 된 것은 100여 년밖에 되지 않아.

인간이 그 존재를 몰랐을 뿐이지 세균이나 바이러스는 인류의 역사에

큰 영향을 끼쳤어. 세균과 바이러스에 의한 전염병이 어떻게 세상을 뒤흔들고

역사의 흐름을 바꾸었는지 한번 알아볼까?

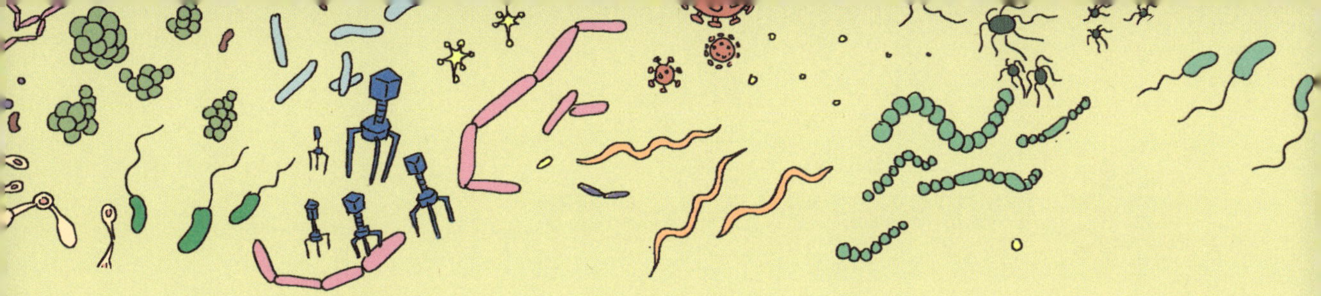

제2장

세계 역사의 흐름을 바꾼 전염병

— 고대와 중세

1 승패가 뒤바뀐 펠로폰네소스 전쟁

히포크라테스는 서양 의학의 아버지로 추앙받고 있는 전설적인 인물이야. 고대 그리스의 아테네에 살았던 실존 인물이지. 지금도 의사들이 면허를 처음 얻을 땐 '히포크라테스 선서'라는 것을 해. 의사로서 어떤 이익이나 희생을 감수하고라도 환자를 헌신적으로 돌보겠다는 다짐인 것이지.

히포크라테스는 당시로서는 굉장히 혁명적인 주장을 했어.

'질병은 신이 내린 형벌이 아니다!'

지금은 너무 당연한 얘기지만 과학 지식이 부족했던 당시에는 매우 획기적이었지. 그는 질병은 신의 형벌이 아니라 우리가 먹는 음식이나 생활 방식, 날씨 등 다양한 이유 때문에 생긴다고 봤어. 특히 물과 공기가 질병과 큰 관계가 있다고 여겼지.

그런데 기원전 430년, 히포크라테스가 살았던 아테네에 끔찍한 전염병이 돌았어. 당시 아테네는 운명을 가를 큰 전쟁을 치르고 있었지. 어떤 전쟁이냐고?

오늘날 화려한 서구 문명의 출발점이라 할 수 있는 고대 그리스는 보통의 국가와는 좀 달랐어. 대개 나라가 세워지면 왕이 자기 영토를 다스리는 게 보통이야. 하지만 고대 그리스는 그렇지 않았지. 아테네, 스파르타, 테베 등과 같이 여러 개의 크고 작은 도시 국가들로 나누어져 있었어. 이들 도시 국가들이 한

덩어리가 되어 고대 그리스 세계를 이룬 것이지.

　이들은 서로 힘을 합쳐 외부의 침략을 막아 내기도 했지만 때로는 서로 옥신각신 다투는 일도 잦았어. 도시 국가들 중 가장 강성했던 아테네와 스파르타를 중심으로 서로 편을 갈라 싸움을 벌였지. 역사에서는 이것을 펠로폰네소스 전쟁이라고 불러.

　스파르타는 아테네로 쳐들어가 도시 곳곳을 파괴하고 주요 작물인 올리브나무를 모두 베어 버렸어. 올리브나무를 다시 심는다 해도 열매를 맺기까지는 아주 오랜 시간이 걸렸기 때문에 아테네인들에게는 엄청난 재앙이었지.

　아테네도 그냥 있지 않고 동맹군을 모아 반격에 나섰어. 당시 아테네를 이끌던 지도자는 페리클레스였지. 그는 100여 척의 전함을 이끌고 해안을 따라가며 스파르타의 동맹군이나 식민지를 쑥대밭으로 만들었어. 육군이 강했던 스파르타는 육지에서 승승장구했으며, 반대로 해군이 강했던 아테네는 해안을 중심으로 한 전투에서 위력을 발휘했지. 아테네나 스파르타나 서로 자신 있는 싸움을 한 거야. 그러다 보니 의미 없는 소모전으로 힘만 낭비하는 꼴이 되고 말았지.

　유능한 지도자였던 페리클레스는 육지 전투에서도 승리하기 위해 작전을 새로 짰어. 아테네는 높은 성벽과 풍부한 재력이 강점이었기 때문에 이걸 십분 활용하기로 했지. 스파르타의 침략에 대비해 그는 모든 아테네 시민들을 성벽 안으로 들어오게 한 뒤 성 바깥의 시설이나 초목을 모두 불태워 버렸어. 성 안에 많은 식량을 비축해 두었기 때문에 전쟁이 길어질수록 스파르타만 불리했지. 스파르타의 동맹군은 비록 아테네 성벽을 포위하고 주변의 평야를 약탈하긴 했지만 별다른 소득이 없었고, 갈수록 식량이 줄어들자 군인들의 사기가 점

점 떨어졌어. 승리의 여신이 곧 아테네의 손을 들어 줄 분위기였지.

그런데 이때 아무도 예상치 못한 돌발 변수가 생겨 상황이 완전히 역전되었어. 그건 다름 아닌 전염병이야. 좁은 성 안으로 많은 인구가 몰리자 위생 상태가 급격히 나빠진 탓에 전염병이 삽시간에 번져 걷잡을 수가 없었어. 당시 아테네 시민 3분의 1 정도가 사망했고, 심지어 지도자였던 페리클레스마저 병에 걸려 목숨을 잃고 말았어. 전쟁은 결국 아테네의 패배로 돌아갔으나 승리한 스파르타도 피폐해지긴 마찬가지였지. 이처럼 오랜 기간 분쟁과 혼란을 거치면서 그리스의 황금시대는 서서히 저물었단다.

 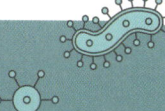

의학의 아버지, 히포크라테스의 4체액설

히포크라테스는 4체액설이라는 독특한 학설을 내세운 것으로 유명해. 우리 몸속에는 혈액(피), 점액, 흑담즙, 황담즙, 이렇게 네 가지가 있는데 각각의 성질이 다르다는 주장이야. 혈액은 따뜻하고 습한 반면 점액은 차고 습하고, 흑담즙은 차고 건조한 반면 황담즙은 따뜻하고 건조하다고 했어. 우리가 먹는 음식이나 호흡한 공기 외에 이 네 가지 체액의 조화와 균형이 깨질 때 병이 생긴다고 여겼지. 4체액설에 근거한 치료 방법은 이후 서양 의술의 뿌리가 되었어. 그래서 히포크라테스가 서양 의학의 아버지로 불리게 된 거란다.

4체액설에 근거해서 어느 체액이 부족하면 그것을 채워 줄 음식이나 약재를 처방하고, 어느 체액이 지나치게 넘치면 그걸 뽑아내는 치료를 했어. 체액을 뽑을 때는 일부러 토하게 하거나 설사하는 약을 먹이고, 재채기가 나오도록 유도하는 방법을 썼지.

하지만 가장 널리 쓰인 것은 사혈, 즉 피를 뽑아내는 치료 방법이야. 피를 뽑는 것은 당시는 물론이고 이후 중세와 근대에 이르기까지 오랫동안 서양 의술의 핵심적인 치료 방법으로 자리 잡았어. 피를 뽑기 위해서 여러 도구가 사용되었지. 심지어 거머리를 이용해 피를 뽑는 징그러운 방법이 인기를 끌기도 했다는구나.

2 천년 왕국 로마를 무너뜨린 천연두와 말라리아

고대 로마는 천년 왕국이라 할 만큼 역사가 아주 오랜 나라야. 로마는 처음 건국될 때만 해도 이탈리아반도의 작은 도시 국가에 지나지 않았지. 하지만 조금씩 세력을 키워 나가 유럽 전역은 물론이고 아시아와 아프리카에 이르는 거대한 영토를 차지한 대제국이 되었단다.

전성기를 누리던 로마 제국은 4세기 콘스탄티누스 황제 시절에 큰 변화가 일어났어. 동방의 페르시아 세력을 견제하기 위해 수도를 동쪽의 비잔티움(오늘날의 터키 이스탄불)으로 옮기고 도시 이름을 콘스탄티노플로 불렀어. '콘스탄티누스의 도시'라는 뜻이지.

이를 계기로 얼마 지나지 않아 로마 제국에는 두 개의 수도뿐 아니라 두 개의 나라가 존재하게 되었어. 본래 로마를 수도로 한 서로마 제국과 콘스탄티노플을 수도로 한 동로마 제국이었지.

제국이 둘로 갈라진 후 서로마 제국은 476년 이민족의 침략을 견디다 못해 멸망하고 말았어. 이때부터 서양의 역사는 중세 시대로 접어들었지.

그런데 의학의 역사에서 보면 서로마 제국의 멸망에는 숨겨진 비밀이 하나 있어. 천연두와 말라리아라는 전염병이야.

로마는 대제국을 건설하기 위해 주변의 나라를 하나씩 정복해 나갔어. 로마의 전성기를 이끈 5현제 중 하나인 아우렐리우스와 공동 황제인 베루스가 통치하던 165년, 로마 군대는 파르티아 제국으로 원정을 나가 큰 승리를 거두었지. 하지만 전쟁 중에 천연두가 발생해 수많은 군인들이 병을 앓게 되었단다.
　승리를 거둔 로마 군사들이 흩어져 고향으로 돌아가자 로마 전역으로 전염병도 함께 전파되었어. 전염병은 신분이 높고 낮고를 가리지 않는 법이야. 누구든 걸릴 수 있거든. 전염병이 한창 맹위를 떨치던 169년 세상을 떠난 베루

스와 그 뒤 홀로 통치하다 180년 세상을 떠난 아우렐리우스 황제도 천연두가 사망의 원인이었던 것으로 추정하고 있어. 뒤를 이어 황제에 오른 콤모두스는 192년 암살당한 것으로 알려져 있으나 한편에서는 천연두에 걸려 사망했다는 주장도 제기되고 있지.

    천연두보다 더 로마를 위협한 것은 말라리아야. 이것은 모기가 사람의 피를 빨면서 전파하는 전염병으로 병원체에 따라 증상이나 특징이 조금 달라. 이 중 가장 위험한 것이 열대열 말라리아야. 사람의 목숨을 위협할 만큼 증상이 심각한데 주로 더운 열대 지방에서 많이 발생하지.

    그런데 열대 지방도 아닌 로마에서 이게 왜 문제가 되었냐고? 본래 말라리아는 로마의 일부 지역에만 국한된 풍토병이었는데 점령지가 넓어지면서 사정이 달라졌어. 점령지에서 데려온 노예들이 열대열 말라리아를 퍼뜨리게 된 거야. 말라리아의 대유행으로 로마 군대는 전투력이 떨어지고, 수많은 사람들이 죽음을 맞이하여 국력이 크게 약화되었지. 그와 때를 같이하여 민족의 대이동이 시작되었고, 게르만족의 침략을 받아 서로마 제국은 몰락하고 말았단다.

 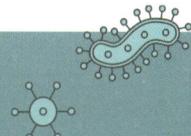

손님과 마마, 그리고 학을 떼다?

옛날에는 의학이 발달하지 않아 유행병이 돌면 속수무책이었어. 돌림병이 한 마을, 아니 나라 전체를 휩쓸기도 했으니까.

우리 선조들은 질병이 나쁜 귀신들의 장난질이라 여겼지. 그중 가장 겁냈던 질병 귀신은 천연두였는데 '손님' 혹은 '마마'라 불렀어. 본래 마마는 왕이나 왕족에게 붙였던 존칭이지만 이 질병 귀신을 사람들이 두려워하여 모셨기 때문에 마마라고 높여 불렀던 거야. 사람들이 이 병을 얼마나 무서워했는지 명칭에서도 알 수 있지. 수많은 아이들의 목숨을 앗아 갔을 뿐만 아니라 용케 살아난다고 해도 얼굴이 곰보가 되기 십상이었어. 그러니 무서워 벌벌 떨었던 거지.

또 우리말에는 '학을 떼다'라는 표현이 있어. 자신을 괴롭히던 힘든 일을 겨우 벗어났을 때 쓰는 표현이지. 여기서 학은 학질, 즉 말라리아를 말해. 학질에 걸리면 3일 혹은 4일 간격으로 열이 오르내리기를 반복하며 오한, 두통, 설사, 관절통, 흉통, 복통 등에 시달리게 돼. 그래서 3일열 말라리아 혹은 4일열 말라리아라고 부르기도 해. 학질에 한번 걸리면 여간해서 잘 낫지 않기 때문에 겨우 학질의 고통에서 벗어났다는 의미로 '학을 떼다'라는 표현을 쓴 거란다.

3 돌림병이 십자군 전쟁의 승패를 갈랐다?

로마 제국이 둘로 갈라진 이후 서로마 제국은 곧 멸망했지만 동로마 제국은 그렇지 않았어. 서로마 제국이 망한 후에도 천 년 가까운 역사를 이어 가며 크게 번영했거든. 동로마 제국을 흔히 비잔틴 제국이라 부르곤 해. 수도였던 콘스탄티노플의 예전 이름이 '비잔티움'이었기 때문이야.

한편 서로마 제국의 멸망 이후 서유럽 지역은 혼란스러웠어. 전쟁이 계속되면서 오랜 세월 동안 새로운 왕국이 생겨났다 사라지기를 되풀이했지.

이 혼란의 시기에 가장 강력한 힘을 가졌던 곳은 교회였어. 기독교는 한때 박해를 받던 종교였으나 콘스탄티누스 대제가 국교로 삼은 이후 빠르게 퍼져 나가 중세 시대에는 유럽 대부분의 나라가 기독교를 받아들였지.

기독교 사상이 널리 퍼지다 보니 중세인들은 신앙심이 매우 높았어. 그래서 당시 기독교인들 사이에서는 성지 순례가 크게 유행했지. 예수의 탄생지인 예루살렘을 방문함으로써 자신의 죄를 씻을 수 있다고 여겼던 거야.

그런데 당시 예루살렘 지역은 이슬람 세력이 장악하고 있었어. 이슬람 세력은 비잔틴 제국에 큰 위협이 되었지. 비잔틴 제국은 혼자 힘으로 이슬람 세력에 대항할 수가 없자 서유럽에 구원을 요청했어. 기독교를 믿는 서유럽 사람들은 이 요청을 흔쾌히 받아들였지. 교황까지 나서서 성지인 예루살렘을 되찾기

를 권고했거든.

 그래서 전쟁이 시작되었는데 역사에서는 이를 십자군 전쟁이라 불러. 전쟁에 나선 기사들이 가슴과 어깨에 십자가 표시를 했기 때문이야. 이 전쟁은 총 여덟 차례나 원정군을 파견하면서 200년간 지루한 싸움이 이어졌단다.

유럽에서 예루살렘으로 가는 길은 멀고도 험했어. 가는 곳마다 식량과 물자를 얻기 위해 싸움을 벌이고 약탈까지 일삼았지. 이 과정에서 엄청난 사람들이 목숨을 잃었어. 전쟁으로 죽은 사람도 있지만 뜻하지 않은 전염병으로 사망한 사람도 많았어. 군대는 집단생활을 하기 때문에 병이 한번 발생하면 여러 사람에게 전파되기 쉬워. 십자군 전쟁을 치르는 동안 장티푸스와 세균성 이질, 괴혈병 등으로 병사들이 죽어 나갔지.

장티푸스는 살모넬라 타이피균에 감염되면 생기는 병이야. 주로 오염된 음식이나 더러운 물을 섭취했을 때 감염이 되지. 가장 주된 증상은 발열이며, 그 외에 오한이나 두통, 구토, 설사 등의 증세가 동반돼. 병을 제대로 치료하지 않으면 열에 한두 명은 사망에 이르게 된단다.

세균성 이질 역시 불결한 위생이 문제가 되어 생기는 병이야. 시겔라균이 원인인데 감염된 사람의 대변을 통해 전파되는 게 대부분이야. 배변 후에 손을 청결하게 씻지 않은 채로 음식을 만지거나 다른 사람과 악수를 했을 경우 병원균이 옮아가 전염을 시키는 거지.

전쟁 중에는 평상시와 달리 위생을 철저히 지키기 어렵고 음식이 오염되기 쉬워. 한마디로 장티푸스나 세균성 이질이 유행하기에 딱 알맞은 환경이야. 더구나 병사들이 먼 길을 이동하다 보니 몸은 지치고 영양 상태도 좋지 않아 질병에 더욱 취약한 상태지. 당연히 병사들의 전투력은 약화될 수밖에 없었고, 여덟 차례에 걸친 십자군 전쟁은 실패하고 말았어. 십자군 전쟁이 실패로 끝나자 교회의 권위는 땅에 떨어지고, 기독교가 중심이 되었던 중세 시대도 서서히 막을 내렸단다.

4 신의 저주를 받은 한센병의 비극

십자군 전쟁 당시 각종 질병이 원정에 나선 병사들을 괴롭힌 반면 유럽 본토에서는 한센병이 유행했어. 훗날인 1871년, 노르웨이의 의사 한센이 이 병을 일으키는 병원균을 발견한 뒤부터 그의 이름을 따서 '한센병'이라고 불러. 그 이전에는 나병이라 부르기도 하고, 병에 걸린 사람을 문둥이라고 업신여기기도 했지.

한센병 환자에 대한 기록은 매우 오래되었어. 구약성서에 모세를 거역한 누이 미리암이 이 병에 걸린 얘기가 나오고, 예수는 한센병 환자를 낫게 하는 기적을 보여주었지.

한센병은 피부와 손발 등 신체 일부가 썩어 들어가는 무서운 병이야. 사람들에게 공포감을 불러일으키기에 충분했지. 오늘날에는 일찍 발견하여 치료하면 얼마든지 완치가 가능하지만 옛날에는 치료가 불가능했어. 외모가 보기 흉하게 변하기 때문에 더럽고 불결한 병으로 여겼지.

특히 중세 유럽에서 한센병 환자들은 더욱 심한 따돌림을 받았어. 큰 죄를 지어서 신에게 벌을 받는 거라고 생각했거든. 신에게조차 버림받은 죄인이니 병자에 대한 혐오감이 대단했지. 성경에도 한센병 환자는 부정한 사람들이므로 마을에서 쫓아내 따로 살게 해야 한다고 나와 있었기 때문에 이들에 대한 차별을 당연시했단다.

  중세 시대 한센병 환자들은 불쌍하기 그지없었어. 다른 어떤 병에 걸린 사람들보다 혹독하게 다루었거든. 가족들마저 그들을 버릴 정도였으니 누구도 환자 근처에 가려고 하지 않았지. 한센병 환자를 마치 사냥하듯이 수용소로 몰아

넣거나 거리에서 학살하는 일도 심심찮게 벌어졌단다.

그들은 병에 걸렸다는 이유만으로 전혀 인간다운 대접을 받지 못했어. 마을에서 함께 어울려 살지도 못하고 외딴곳에서 고립된 생활을 해야 했지. 겨우 구걸을 해서 먹고살아야 했지만 함부로 마을에 들어갈 수도 없었어. 마을에 갈 경우에는 꼭 지켜야 할 엄격한 규칙이 있었거든.

먼저 옷차림이야. 한센병 환자라는 사실을 다른 사람들이 한눈에 알아볼 수 있도록 회색이나 검은색 외투를 입어야 했어. 아울러

높다랗게 솟은 모자를 쓰고 손에는 흰 장갑을 껴야 했지. 이것만으로 부족해서 손에는 나무로 된 딱딱이를 들고 다녀야 했어. 걸을 때마다 딱딱이의 나뭇조각이 부딪치면서 달그락거리는 소리를 내어 자신이 주변에 있음을 알려야 했지.

이뿐만이 아니야. 한센병 환자는 신의 저주를 받았기 때문에 교회에 절대 들어가서는 안 돼. 상점에도 다른 사람이 있으면 들어갈 수 없고 나올 때까지 기다려야 했어. 물건을 살 때도 손으로 직접 만져서는 안 되었지. 샘물에 손을 씻어서도 안 되고, 물을 마실 때는 자기 그릇만 써야 했어. 다른 사람과 함께 밥을 먹을 수도 없고 함부로 말을 해서도 안 되었지. 심지어 사람들의 통행이 많은 다리나 건물을 손으로 만지는 것도 금지되었어. 한마디로 인간이지만 인간이 아닌 살아 있는 괴물 취급을 받은 거란다.

한센병 환자가 우물에 독약을 탄다?

한센병 환자들은 짐승보다 못한 취급을 받으면서 또 한편으로 억울한 누명을 쓰기도 했어. 세상에 복수를 하기 위해 마을 사람들이 먹는 우물에 독약을 탄다는 나쁜 소문이었지. 이 기이한 소문의 내용은 터무니없었어. 유럽 대륙에 욕심을 품고 있던 동방의 이슬람 세력이 차별 대우를 받던 유대인과 한센병 환자들을 꼬드겨 음모를 꾸민다는 거였지. 그래서 한센병 환자들이 사람들 몰래 뱀, 두꺼비, 도마뱀, 박쥐 등의 시체나 그것들이 분비한 독 성분을 우물에 넣었다는 얘기가 떠돌았지.

이런 헛소문이 퍼지면서 사람들의 증오심은 커지고 유대인과 한센병 환자는 더욱 가혹한 박해를 받았단다.

5 중세 시대의 몰락을 가져온 흑사병

서양의 역사에서 가장 큰 파괴력을 보인 전염병은 뭐니 뭐니 해도 페스트야. 병에 걸리면 달걀만 한 검은색 종기가 생기고, 여기서 피와 고름이 나오기 때문에 '흑사병'이라고도 불러.

이 병을 옮긴 주범은 쥐의 몸에 사는 벼룩이야. 페스트균에 감염된 쥐가 죽으면 벼룩이 사람에게 옮아가 전염을 시켰던 거지. 전염성이 아주 강해서 한 마을에 페스트가 퍼지기 시작하면 수많은 사람이 죽어 나가거나 아예 한 마을 자체가 없어질 정도로 무시무시했지.

그런데 당시 공포에 떠는 사람들에게 '병을 막기 위해서는 온갖 쓰레기와 악취로 가득한 더러운 도시 환경을 깨끗이 하고, 개인위생을 청결히 해야 합니다!' 이렇게 외치고 다녔다면 아마도 그는 바보 취급을 받았을지 몰라.

중세 시대 별자리를 보는 점성술사들은 병의 원인을 엉뚱하게 진단했어. 별들의 움직임에 큰 문제가 생겨서 나쁜 공기가 널리 퍼진 탓이라고 했지. 나쁜 공기를 피하려면 늘 향기를 풍기는 물질을 가까이 두고, 집 안에 향을 피울 것을 권했으며, 격렬한 신체 활동으로 공기를 많이 들이마시면 해롭다고 주장했지.

의사들이라고 별다를 게 없었어. 그들 또한 병의 원인은 독성이 아주 강하고 전염성이 큰 나쁜 공기 때문이라 여겼어. 히포크라테스의 학설에 근거하여 체액의 균형과 조화가 깨져 중병에 걸렸으니 사혈 치료, 즉 시뻘겋게 달군 쇠로

림프샘을 절개하거나 환자의 정맥을 째서 피를 흘리게 하는 치료 방법을 썼지. 그러다 보니 치료는커녕 몸이 쇠약한 환자를 더 빨리 죽게 만들었단다.

더 어처구니없는 건 기독교를 독실하게 믿는 신자들이었어. 의학의 힘으로 병을 막지 못하자 사람들은 종교에 의지하게 되었지. 하지만 교회에서는 병을 신이 내린 형벌이라고 설파했어. 사람들은 병을 예방하려면 미리 신에게 자신의 죄를 고백하고 스스로 벌을 내려 신의 용서를 받아야 한다고 생각했단다.

"우리의 죄가 많아 신께서 이런 재앙을 내린 것이다!"

그래서 만든 게 채찍질 고행단이야. 광신도들로 구성된 고행단은 집단으로 모여 용서를 비는 기도를 하고, 벌거벗은 채로 몸에 피가 나도록 채찍질을 하며 도시 이곳저곳을 떠돌아다녔어. 전염병은 서로 밀접하게 접촉하면 더욱 빨리 퍼지는데 이렇듯 집단 기도와 집단 행렬을 벌였으니 참으로 어리석기 짝이 없었지.

사정이 이렇다 보니 엄청난 희생자가 나왔어. 14세기 중반부터 반세기 가까이 페스트가 휩쓸고 지나가자 2천 500만 내지 3천 500만 정도가 이 병으로 사망했다고 해. 이 숫자는 당시 유럽 인구의 3분의 1, 즉 세 명 가운데 한 명꼴이란다.

중세 유럽의 경제적 기반이 된 건 봉건 제도야. 왕이 모든 영토를 직접 통치하는 게 아니라 그 아래 영주들에게 땅을 나누어 주고, 영주들은 대신 왕에게 충성을 맹세하며 그 땅을 농노들로 하여금 경작하게 한 거지.

그런데 페스트로 인해 수많은 희생자가 나오자 농토에 일할 사람이 부족해진 거야. 일손이 부족해지자 노비나 다름없던 농노에 대한 대우가 달라졌어. 땅에 씨앗을 뿌리고 농작물을 제때 거두기 위해서는 더 많은 대가를 지불하고

라도 일손을 구해야 했거든. 농노들은 임금을 더 높게 주는 곳으로 언제든 옮겨 갈 수 있게 되었지.

이런 과정에서 새롭게 부와 권력을 쌓는 계층이 생겨났어. 그들은 장사에 뛰어들거나 죽은 영주들의 땅을 싼값에 사들이기도 했지. 이처럼 낡은 경제 질서가 무너지고 새로운 시민 계급이 등장하면서 중세의 봉건 제도는 몰락의 길을 걸었단다.

기괴한 모습의 흑사병 의사

흑사병이 대유행을 할 당시 민간에서는 흑사병 의사가 집을 방문하면 환자가 죽음을 맞는다는 소문이 돌았단다. 흑사병 의사는 복장이 굉장히 기괴하면서도 우스꽝스러웠어. 몸에는 통이 넓은 외투를 걸치고, 손에는 장갑을 끼고, 머리에는 챙이 넓은 모자를 썼어. 가장 특이한 건 새의 부리처럼 생긴 특수한 마스크와 보호 안경으로 얼굴을 덮었다는 거야. 긴 부리 속에는 나쁜 공기를 정화시켜 줄 향이 강한 약초를 넣었다는구나.

 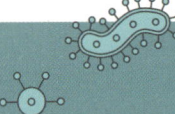

흑사병은 어디에서 시작되었을까?

중세 유럽을 강타한 흑사병은 어떻게 전파된 것일까? 전염 경로에 대해서는 여러 가지 설이 있어. 처음 중앙아시아에서 발생한 페스트가 동양과 서양을 잇는 무역로인 실크로드를 따라 이탈리아반도까지 전해졌다는 얘기도 있고, 페스트균을 가진 쥐가 무역선을 타고 유럽에 와서 흑사병이 퍼졌다는 얘기도 있지. 개중엔 몽골 군대의 정복 전쟁을 통해 유럽에 병이 전파됐다는 얘기도 있단다.

세계 제국을 건설한 몽골은 유럽 정복에도 나섰어. 1346~1347년 크림반도의 항구 도시 카파(오늘날의 우크라이나 페오도시야)를 포위 공격하던 몽골군은 흑사병에 걸려 숨진 동료들의 시체를 투석기로 성안에 던져 넣었다고 해. 예상치 못한 공격에 겁을 먹은 사람들은 배를 타고 탈출했으나 이미 병이 퍼지기 시작한 뒤었어. 죽음의 배로 변하자 그들을 받아 주는 도시가 없었지. 역병이 퍼진 배는 항해를 계속해 1347년 10월 시칠리아의 메시나에 도착했고, 이때부터 지중해 동부 해안을 따라 전 유럽에 흑사병이 번져 나갔다고 해.

6 백년전쟁을 멈추게 한 흑사병

세계사에 관심 있는 친구라면 '잔 다르크'란 이름을 한 번쯤 들어 봤을 거야. 위기에 빠진 조국 프랑스를 구한 소녀 영웅이지. 그녀의 활약이 빛난 건 백년전쟁 때문이야.

백년전쟁의 불씨가 된 건 왕위 다툼이었어. 프랑스 왕 샤를 4세가 죽었을 때 뒤를 이을 아들이 없었지. 이 때문에 조금이라도 왕가의 혈통을 가진 이들이 저마다 왕의 자리를 넘보았어. 프랑스 귀족들은 회의를 열어 샤를의 사촌인 필리프 6세를 왕으로 뽑았지. 그러자 영국 왕 에드워드 3세가 크게 반발했단다.

"내 어머니는 죽은 샤를 4세의 누이다. 프랑스 왕가의 핏줄을 이어받은 내가 마땅히 후계자가 되어야 한다!"

비록 외가 쪽이긴 하지만 사촌이 왕이 되는 것보다 조카인 자기가 왕이 되어야 한다는 주장이었어. 이것이 억지 주장 같지만 당시 유럽에서는 직계 혈통이 아닌 사람도 왕이 되곤 했지. 그러니 전혀 터무니없는 얘기는 아니었던 거야. 프랑스 내에서도 에드워드의 말을 옳게 여기는 사람들이 있었으니까.

그렇지만 왕이 된 필리프 6세가 순순히 자리를 내놓을 리가 없었지. 에드워드 3세는 마침내 1337년 군사를 이끌고 프랑스로 쳐들어왔어. 이렇게 시작된 전쟁은 1453년까지 백 년 넘게 계속되었지. 그래서 역사에서 이를 백년전쟁이

라 부른단다.

  이 전쟁의 와중에 페스트가 전 유럽을 휩쓸기 시작했어. 역사적으로 흑사병이 가장 위력을 떨친 시기는 1348년에서 1351년 사이야. 백년전쟁이 한창 진행 중이던 때였지.

  전염병은 적군과 아군을 구분하지 않아. 영국군이든 프랑스군이든 가릴 것 없이 흑사병으로 수많은 사람이 목숨을 잃었어. 전쟁보다 전염병으로 죽는 사람이 더 많아지자 전쟁이 뒷전으로 밀렸지.

  양측은 잠시 무기를 내려놓고 전쟁을 멈췄어. 당장 꺼야 할 발등의 불은 전쟁이 아니라 전염병이었으니까. 물론 그렇다고 병이 수그러든 건 아니었어. 앞서 살펴본 바와 같이 의학 지식이 없던 때라 어처구니없는 처방과 대처로 병을 키우거나 목숨을 재촉했을 뿐이지. 어찌되었건 한창 진행 중이던 전쟁까지 중단할 만큼 당시 흑사병의 위력이 대단했다는 건 분명한 사실이란다.

 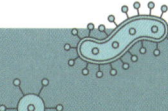

대화재로 흑사병이 사라지다

흑사병은 중세 유럽을 휩쓴 뒤에 한동안 자취를 감추었다가 1665년 영국 런던에서 다시 유행했어. 수많은 사람이 목숨을 잃자 런던 시민들은 도시를 탈출하려고 아우성이었지. 전국으로 흑사병이 번질 것을 염려하여 런던 시장은 건강 증명서가 없는 사람에게는 밖으로 나가는 성문을 열어 주지 말라고 했어. 상류층 귀족과 돈 많은 부자들은 어떻게든 건강 증명서를 손에 얻어 빠져나갔고, 런던 시내에는 힘없고 가난한 사람들만 남게 되었지.

이때 애꿎은 희생을 당한 건 엉뚱하게도 개와 고양이였어. 개와 고양이가 흑사병을 옮긴다는 뜬소문이 퍼진 거지. 사람들은 닥치는 대로 개와 고양이를 죽였어. 고양이가 사라지자 쥐들은 더욱 활개를 쳤고, 그에 따라 흑사병은 더욱 기승을 부렸지.

그런데 이듬해 9월 런던에 대화재가 일어났어. 빵 공장에서 처음 시작된 불이 런던 시내로 번져 엄청난 피해가 발생했지. 닷새 동안이나 불길이 타올라 교회만 87채, 주택은 1만 3천 채나 잿더미가 되었다고 해. 당시 8만의 인구 가운데 무려 7만 명 정도가 집을 잃고 노숙자 신세가 되었다는구나.

하지만 역설적이게도 이 재앙으로 인해 흑사병이 거의 사라졌어. 집들이 불에 타면서 들끓던 쥐들도 모두 죽었기 때문이란다.

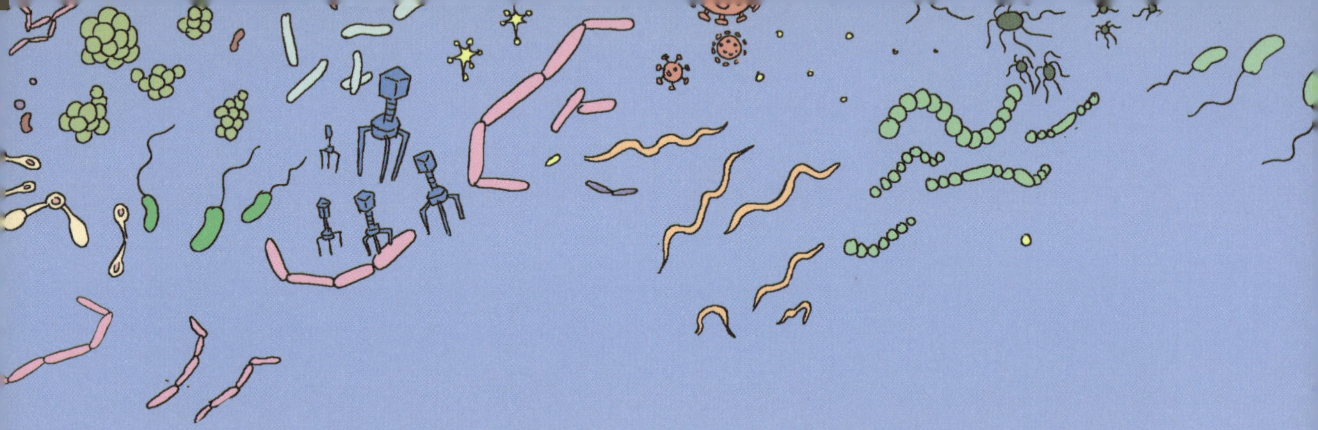

인간이 세상을 지배하는 위대한 존재 같지만 알고 보면 꼭 그렇지도 않아.
하찮게 보이는 세균이나 바이러스 같은 미생물이 세계사의 흐름을
바꾼 적도 허다해. 전쟁이 일어나면 싸움터에서 죽는 사람보다
전염병으로 죽는 사람이 더 많았지. 인간의 역사 속에 새겨진 전염병,
인류를 공포에 떨게 만들고 역사의 물줄기를 바꾼 전염병에 대해 살펴볼까?

제3장

세계 역사의 흐름을 바꾼 전염병

— 근현대

1 아스테카와 잉카 제국을 멸망시킨 천연두

콜럼버스의 신대륙 발견은 유럽인들에게는 축복이었을지 몰라도 원주민에게는 엄청난 재앙이나 다름없었어. 사실 '신대륙 발견'이란 것 자체가 유럽인의 관점에서 본 말이야. 신대륙에는 본래 원주민들이 살고 있었거든. 그들은 콜럼버스가 오기 전에 그 땅에 아스테카나 잉카 같은 찬란한 문명을 이루며 평화롭게 살고 있었단다.

그런데 황금을 노린 유럽인들이 앞다퉈 신대륙으로 몰려들었어. 그 침략자들의 맨 앞에 두 명이 있었지. 바로 역사적으로 악명 높은 코르테스와 피사로야.

1519년 스페인의 아르난 코르테스는 사병 500여 명을 이끌고 지금의 멕시코 지역인 아스테카 제국에 발을 들여놓았어. 아스테카의 황제 몬테수마와 백성들은 그들을 크게 환대했어. 그들이 환영을 받은 건 아스테카의 신화 때문이야.

아스테카인은 케찰코아틀이라는 신을 숭배했는데 언젠가는 그 신이 자기들 곁으로 돌아올 거라는 전설이 있었어. 키가 크고 흰 피부를 가진 코르테스와 병사들을 보자 신이 보낸 사람들일 거라고 착각한 거지. 극진한 대접을 받은 코르테스 일행은 제국의 수도에 황금이 넘쳐 나는 것을 보고 본색을 드러냈단다.

"아스테카를 정복하면 황금을 마음껏 갖게 될 것이다."

코르테스 군대는 아스테카를 차지하기 위해 무자비한 공격을 퍼부었어. 그

런데 사실 500여 명의 군사로 거대한 제국을 무너뜨린다는 건 계란으로 바위를 치는 격이야. 숫자만 보면 다윗과 골리앗의 대결처럼 상대가 안 되는 싸움이었지. 하지만 이 싸움에는 누구도 예상치 못한 뜻밖의 변수가 있었어. 총이나 칼로 무장한 스페인 정복자들보다 더 무서운 건 그들의 몸속에 숨어 있는 병원균이었단다.

유럽인들은 오랜 세월 동안 페스트를 비롯한 각종 세균으로 몸살을 앓으면서 자연스레 면역력이 싹텄어. 하지만 수만 년 동안 따로 독립되어 있던 신대륙의 원주민들에게는 아무런 저항력이 없었지. 그들의 몸에 세균이 옮겨 가자 무시무시한 저승사자로 변해 엄청나게 많은 목숨을 앗아 갔던 거란다.

그 가운데 가장 악명을 떨친 건 천연두야. 본래는 두창이라 부르는데 콩알만 한 크기의 종기가 얼굴과 온몸에 돋아난다고 해서 붙은 이름이야. 천연두란 천연적으로 생긴 두창이란 뜻이지. 천연두에 걸리면 환자의 대부분이 목숨을 잃고, 구사일생으로 살아남더라도 천연두 딱지가 떨어진 자리에 심하게 얽은 자국이 생기거나 시력을 잃는 경우도 많았지.

아스테카 원주민들은 처음 접하는 전염병이라 더욱 희생이 컸어. 코르테스의 군대와의 싸움에서 총칼로 죽은 숫자와는 비교도 할 수 없을 만큼 많은 원주민이 전염병으로 죽어 갔지. 그 와중에 생포된 제국의 황제 몬테수마 역시 목숨을 잃었고, 최후의 총공격에서는 아스테카인 1만 5천 명이 죽음을 당했지. 코르테스와 그의 사병들은 멸망한 제국을 샅샅이 뒤지며 마음껏 황금을 약탈했단다.

그 뒤를 이어 1532년 또 다른 스페인 사람 프란시스코 피사로가 약탈의 대열에 합류했어. 그는 지금의 페루 지역인 잉카 제국을 침략의 대상으로 삼았어. 코르테스를 본받아 잉카의 황제를 인질로 잡고 몸값을 요구했지. 석방 조건은 커다란 방 하나를 황금으로 가득 채우고, 나머지 두 개의 방은 은으로 채워 주는 거였어. 잉카의 백성들은 황제를 구하기 위해 두 달에 걸쳐 황금과 은을 모아 방을 채웠지. 하지만 피사로는 약속을 어기고 이듬해 황제를 의자에 묶고 목을 졸라 죽였단다.

이 과정에서 잉카의 원주민들 역시 아스테카 사람들처럼 유럽의 정복자들이 가져온 전염병으로 몰살을 당하다시피 했어. 전염병이 아니었다면 고작 몇백 명의 군대로 거대한 제국을 무너뜨린다는 건 상상도 할 수 없는 일이야. 신대륙이 유럽인들에겐 새로운 도전과 개척의 기회를 주었을지 몰라도 그 땅을 평화롭게 지켜온 아메리카 원주민들에게는 느닷없이 하늘에서 떨어진 날벼락이나 다름없었지. 결국 두 문명은 정복자들의 무자비한 침략과 약탈, 그리고 그들이 퍼뜨린 전염병으로 한순간에 잿더미가 되고 말았단다.

 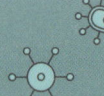

천연두를 천연두로 치료한다?

천연두는 옛날에는 무시무시한 전염병이었지만 지금은 완전히 사라졌어. 천연두를 퇴치하기 전까지는 엉터리 치료법이 난무했지. 또한 세계 곳곳에 퍼져 있었기 때문에 치료법도 다양했어. 알다시피 유럽에서는 피를 뽑거나 신에게 기도를 올렸어. 브라질에서는 발진이 돋은 자리에 말똥을 발랐고, 인도에서는 기름에 튀기거나 향이 짙은 음식을 피했지. 일본에서는 청주와 콩, 소금을 섞은 물로 목욕을 했고, 우리나라에서는 나쁜 귀신을 물리치는 굿을 했단다.

그런데 천연두를 치료하는 방법은 놀랍게도 천연두 그 자체에 있었어. 무슨 말이냐고? 말 그대로 천연두로 천연두를 치료하는 것이지.

유럽인들이 천연두 예방책을 찾아내기 수세기 전부터 동아시아, 중앙아시아, 아프리카 등에서는 이것을 예방하는 방법을 알고 있었어. 이들은 종두법의 원리를 활용했지. 종두란 말은 '씨앗 종' 자, '천연두 두' 자를 써서 마치 씨앗을 심듯 천연두 병원균을 사람의 몸에 심는다는 말이야. 물론 죽거나 힘을 못 쓰는 병원균이었지.

중국에서는 천연두를 앓은 사람의 종기 딱지를 가루로 빻아 사람의 콧속으로 불어 넣어서 천연두를 예방했어. 인도와 아프리카, 터키 등지에서는 아직 병을 앓지 않은 사람의 팔에 상처를 내고 거기에 천연두의 고름이나 딱지 가루를 직접 주입했지. 두 접종법 모두 천연두를 가볍게 앓다가 회복되고 나면 평생 병에 걸리지 않았어. 오늘날의 백신은 바로 이 원리를 이용한 거란다.

2 전쟁 영웅 나폴레옹조차 패하게 만든 전염병

근대 유럽의 역사에서 제일로 꼽히는 영웅은 누구일까? 두말할 것도 없이 나폴레옹일 거야. 그의 가장 큰 업적은 프랑스 혁명 정신을 유럽 여러 나라에 전파한 것이지. 프랑스 혁명 정신은 자유 평등 박애야. 사람은 모두가 평등하기 때문에 누구나 차별받지 않고 자유를 누리며 살아야 한다는 거지. 지금은 당연하게 보이는 말이지만 200여 년 전만 해도 사정이 달랐어.

당시 프랑스는 왕이 다스리는 군주제였으며, 신분 간의 차별도 있었어. 성직자나 귀족은 많은 토지와 재산을 가지고 있으면서 세금 한 푼 내지 않고 사치스러운 생활을 했지. 반면에 시민이나 노동자, 농민은 가난에 허덕이면서 무거운 세금을 물어야 했어. 시간이 갈수록 계층 간의 갈등이 심해졌지만 지배층은 이를 해결할 생각을 하지 않았지. 지배층의 타락과 안일한 대응은 결국 1789년 프랑스 대혁명을 불러왔단다.

혁명의 결과 왕이 다스리는 군주제가 폐지되고 시민들이 뽑은 대표가 정치를 하는 공화정이 이루어졌어. 이 소용돌이 속에서 왕인 루이 16세와 왕비 마리 앙투아네트가 단두대에서 처형되었지. 유럽 여러 나라의 왕들은 혁명의 불길이 자기 나라로 옮겨붙을까 봐 마음을 졸였어.

"음, 큰일이군. 혁명을 막을 대책을 세워야겠어!"

이윽고 프랑스의 혁명 정부에 맞서기 위해 여러 나라가 동맹을 맺었어. 영국, 프로이센, 오스트리아 등이 여기에 참여했지. 혁명 정부는 큰 위기에 빠졌어. 동맹군이 호시탐탐 노릴 뿐 아니라 프랑스 내에서 혁명을 반대하는 세력이 반란을 일으켰거든. 이때 젊은 나폴레옹이 반란을 진압하고, 외국의 동맹군을 모조리 무찔렀어.

"와아, 나폴레옹 만세! 그가 프랑스 혁명을 지켰다!"

나폴레옹은 금세 영웅으로 떠올랐어. 나폴레옹은 여기서 멈추지 않고 프랑스를 넘보는 나라로 쳐들어가 차례로 쳐부수었지. 싸울 때마다 승리를 거두자 그의 인기는 하늘 높은 줄 모르고 치솟았어. 그 인기를 바탕으로 나폴레옹은 군대의 힘을 이용하여 권력을 잡고 끝내 황제의 자리까지 오르게 되었단다.

그런데 한 가지 아쉬운 것이 있었어. 유럽의 다른 나라들은 나폴레옹을 황제로 떠받드는데 영국만은 머리를 숙이지 않았던 거야. 영국을 혼내 주고 싶었지만 섬나라인 까닭에 해군의 힘이 막강하여 함부로 할 수 없었어. 그래서 나폴레옹은 유럽 여러 나라에 이런 명령을 내렸지.

"이제부터 영국과는 어떤 물건도 사고팔지 마시오!"

대륙을 봉쇄하여 섬나라인 영국을 골탕 먹일 생각이었어. 하지만 이 명령을 어긴 나라가 있었어. 러시아였지. 화가 난 나폴레옹은 대군을 이끌고 러시아로 쳐들어갔어.

그런데 이 전쟁에서 위대한 정복자 나폴레옹은 패하고 말았어. 천재적이라 할 만큼 군사 작전에 뛰어난 능력을 보였던 전쟁 영웅을 패하게 만든 이유 중 하나는 바로 발진티푸스라는 전염병이야.

1812년 6월 나폴레옹은 60만 명의 대군을 거느리고 러시아 원정을 떠났어.

식량도 넉넉하고 병사들의 건강 상태도 좋아 나폴레옹 군대의 사기는 하늘을 찔렀지.

그런데 프랑스에서 러시아로 가려면 폴란드를 지나야 했어. 여기서 병사들에게 문제가 생겼지. 높은 열이 나면서 심한 두통에 시달리고 급기야 몸 곳곳에 붉은 발진이 나타난 거야. 전염병이 번지면서 죽어 가는 병사가 속출했지.

그 전염병은 다름 아닌 발진티푸스였어. 사람의 몸에 기생하는 이가 옮기는 병이지. 당시 유럽인들은 목욕을 잘 하지 않아 몸에 이가 많았어. 특히 폴란드는 물이 부족하여 병사들이 잘 씻지도 못하고 옷도 갈아입을 수 없게 되자 지저분한 몸에 이가 들끓기 시작했지. 폴란드를 지나면서 수많은 군사들이 발진티푸스에 걸려 떼죽음을 당했어. 불과 한 달 사이에 병력의 5분의 1을 잃고 말았지.

이에 아랑곳없이 나폴레옹 군대는 진군을 계속했어. 그러나 변변히 싸움다운 싸움을 하지 못했지. 러시아 군대가 정면 승부를 피한 채 계속 후퇴를 거듭했거든. 나폴레옹 군대와 맞서 싸웠다간 패할 게 분명했기 때문에 싸우는 척하다가 뒤로 물러나기를 계속 반복한 거지. 그렇게 러시아의 수도 모스크바를 점령했지만 나폴레옹은 별다른 소득을 얻지 못했어. 시내는 텅텅 비어 있었고, 알 수 없는 대화재로 이미 대부분이 잿더미로 변한 상태였거든. 하는 수 없이 나폴레옹은 후퇴를 명령했지.

그제야 러시아는 후퇴하는 나폴레옹 군대를 맹렬히 공격했어. 추위와 굶주림과 전염병에 시달린 나폴레옹 군대는 참패했지. 처음 60만 대군에서 살아 돌아온 병사는 겨우 4만 명밖에 되지 않았다고 해. 러시아 원정에 실패하면서 나폴레옹은 내리막길을 걸었지. 그는 마지막에 세인트헬레나라는 조그만 섬으로 귀양을 가 쓸쓸히 죽음을 맞았단다.

3 황열병이 노예제를 없애는 데 큰 공을 세웠다?

신대륙의 발견 이후 유럽의 정복자들은 그 땅에 세워진 찬란한 문명을 파괴했을 뿐 아니라 원주민을 노예로 삼았어. 광산으로 끌고 가 더 많은 황금을 땅속에서 캐내야 했으니까. 가혹한 노동에 시달리던 원주민들이 하나둘 쓰러졌어. 한 광산에서는 너무 혹독하게 부린 나머지 원래 10만 명이던 원주민이 불과 몇십 년 만에 2천 명밖에 남지 않았다고 해.

이렇게 사상자가 많은 탓에 신대륙 발견 이후 200년이 지났을 때는 살아남은 원주민이 열 명 중 채 한 명도 안 되었다는구나. 이는 앞서 살펴본 대로 유럽인들이 가져온 무시무시한 전염병뿐 아니라 약탈 과정에서 생긴 대대적인 학살과 가혹한 노동 때문에 빚어진 일이지.

유럽인들은 신대륙을 보물단지처럼 여겼어. 광산에서는 금과 은이 무한정 쏟아져 나오고, 농장에서는 곡식을 키워 풍성한 수확을 거두었지. 특히 유럽에서 귀한 대접을 받는 설탕을 풍부하게 생산할 수 있었어. 문제는 설탕 생산에 값싼 노동력, 즉 노예가 엄청나게 많이 필요하다는 거야. 당시 유럽은 여전히 흑사병의 후유증으로 인구 부족에 시달리고 있었고, 신대륙의 원주민 또한 수없이 목숨을 잃어 일할 사람이 부족했지.

"큰일이야, 원주민이 다 죽어 나가니 일할 사람이 없어!"

"뭐가 걱정이야. 아프리카에서 흑인 노예를 데려오면 되지!"

정복자들은 아프리카의 흑인들에게 눈길을 돌렸어. 그들은 탐욕을 채우기 위해 무자비하게 흑인 노예들을 끌고 왔어. 아프리카에서 끌려온 노예는 대략 2천만 명을 헤아릴 정도로 엄청났지.

하지만 정복자의 탐욕에는 혹독한 대가가 뒤따랐어. 노예들을 실어 오면서 황열병이란 독한 전염병도 함께 들여왔던 거야. 황열병은 아프리카 지역에 오랫동안 발생하고 널리 퍼져 있던 일종의 풍토병이었어. 황열 바이러스에 감염된 모기에 물리면 생기는 병이지. 심한 열과 함께 눈과 피부가 누렇게 변한다고 해서 황열병이라 불러. 상태가 악화되면 코와 입으로 피를 토하며 죽음을 맞는 무서운 병이란다.

황열병은 아프리카의 오랜 풍토병이라 노예들은 대부분 이 병에 면역력이 있었지만 유럽의 백인 선원이나 노예 주인들은 그렇지 않았어. 이 병은 신대륙으로 향하는 노예선을 초토화시켰지. 때로 선원 전원이 황열병으로 몰살당하기도 했대.

황열병은 노예들에게 저항의 기회를 주었어. 백인 노예상이나 농장주가 병에 걸리면 반란을 일으켜 탈출하기도 하고, 자신을 채찍질하고 괴롭히던 주인을 공격할 수도 있었지. 실제로 카리브해의 섬나라 아이티는 그렇게 독립을 쟁취했단다.

아이티는 오늘날 가장 가난하고 열악한 나라로 꼽히지만 예전에는 그렇지 않았어. 이곳이 세상에서 가장 돈을 많이 벌 수 있는 땅이었거든. 당시 프랑스의 식민지였던 아이티는 카리브해 연안의 여러 나라를 합친 것보다 더 많은 설탕을 생산했어. 경쟁 관계였던 영국이 13개의 신대륙 식민지에서 거둬들인 수입보다 더 많은 돈을 아이티는 프랑스에 안겨 주었지.

그런데 1801년 아이티의 노예들이 반란을 일으켰어. 수천 명이 봉기해서 도시를 불태우고, 농장에 불을 지르고, 백인들을 공격했지. 당시 프랑스의 통치자였던 나폴레옹은 처남인 샤를 르클레르 장군을 총지휘관으로 삼아 군대를 보냈어. 반란을 잠재우는 데는 성공했으나 그 뒤 프랑스 군대에 황열병이 유행하기 시작했어. 전염병은 병사뿐 아니라 지휘관들도 피해 가지 않았지.

이듬해 르클레르 장군도 죽음의 대열에 합류했어. 황열로 인해 프랑스 군대가 거의 괴멸되다시피 하자 1803년 군대의 철수를 명령했지. 나폴레옹의 명령을 받고 떠난 3만 3천의 군사 중 살아 돌아온 사람은 불과 3천 명에 불과했대.

프랑스 군대가 전염병 앞에 무릎을 꿇고 철수한 셈이지. 그 결과 흑인 노예들은 식민 지배에서 벗어나 독립을 쟁취하고 1804년 공화국 수립을 선포했지. 이로써 근대 역사상 최초의 흑인 공화국인 아이티가 탄생한 거란다.

오늘날의 미국을 만든 건 황열병이다?

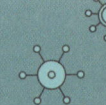

루이지애나는 미국 중남부에 위치한 주의 이름이야. 이곳에는 프랑스, 스페인, 영국 등 여러 나라의 문화가 공존하는데 그 이유는 이곳의 주인이 여러 차례 바뀌었기 때문이야.

지금은 루이지애나가 미국 50개 주의 하나에 불과하지만 예전에는 그렇지 않았어. 1803년 무렵까지 루이지애나는 현재 미국 영토를 남북으로 가로지르며 전체의 3분의 1을 차지하는 엄청난 크기였단다.

루이지애나라는 말은 '루이 왕의 땅'이란 뜻이야. 루이는 프랑스 왕 루이 16세를 가리키지. 프랑스는 이 땅을 중심으로 신대륙에 거대한 제국을 건설하려는 야심을 품고 있었어. 하지만 나폴레옹이 아이티에서 황열병 때문에 프랑스 군대를 철수시키면서 거대한 제국의 꿈은 산산조각 나고 말았지.

그래서 1803년 나폴레옹은 프랑스가 지배하고 있던 루이지애나를 당시 미국 대통령이던 토머스 제퍼슨에게 헐값에 살 것을 제안했어. 제퍼슨은 흔쾌히 그 제안을 받아들였지. 이를 계기로 미합중국의 영토는 순식간에 넓어졌고, 계속해서 서부 개척이 이루어지면서 오늘날의 미국 영토가 완성된 거란다.

목숨을 던져 병균을 찾은 사람들

 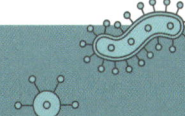

쿠바의 카를로스 핀레라는 의사는 1881년부터 10여 년 동안 황열병을 연구했어. 그 결과 모기가 병을 옮기는 주범이란 사실을 알아냈지. 하지만 다른 의사들은 코웃음을 쳤어. 모기가 아니라 환자와 직접 접촉하거나 쓰던 물건을 통해 전염된다고 믿었지.

핀레의 주장은 머지않아 증명되었어. 1900년 미국이 쿠바에서 스페인과 전쟁을 벌일 당시 수많은 미군이 황열병으로 희생되자 의사들로 구성된 특수 부대를 만들었어. 이 부대에 의사 제임스 캐럴, 제시 라지어도 끼어 있었지. 이들은 핀레의 모기 전염설을 믿었어. 그래서 스스로 실험에 뛰어들었지. 실험은 간단했어. 황열병 환자의 피를 빤 모기에 스스로 물려 보면 되었거든. 물론 목숨을 건 위험한 실험이었지.

먼저 캐럴이 자원해 모기에 물렸어. 그는 병을 앓다가 간신히 회복되었지. 증거가 더 필요했기 때문에 뒤이어 라지어도 모기에 물렸어. 2주 뒤 안타깝게도 그는 병에 걸려 목숨을 잃고 말았단다.

하지만 그의 죽음은 헛되지 않았어. 자신의 몸까지 던진 숭고한 실험을 한 덕분에 황열병의 원인을 밝혀내 이를 퇴치할 길을 열었으니까 말이야.

4 미인과 천재의 병이라며 부러워한 결핵

병에 걸리는 걸 좋아할 사람은 없어. 모두가 무서워하고 피하게 마련이지. 병에 걸린 사람을 보고 '너무 멋져, 나도 저 병에 걸렸으면…….' 하고 부러워한다면 제정신이 아닐 거야. 하지만 역사상 동경의 대상이 되었던 병이 딱 하나 있어. 그게 바로 결핵이야. 이는 당시 사회 분위기와 관련이 있지.

19세기는 낭만주의 사상이 크게 유행을 했어. 낭만주의자들은 인간의 자유로운 감성을 격정적으로 표현하고, 현실이 아닌 꿈속에 있을 법한 신비스런 이야기나 상상 속의 이국적 세계를 늘 그리워했지. 그들은 인간 내면의 정신세계와 성품 등이 외모를 통해 밖으로 표출되고, 심지어 질병으로도 나타난다고 여겼어. 그러다 보니 아름다운 사람은 선하고 못생긴 사람은 악하다고 생각했지. 만화 영화 같은 데서 착한 주인공은 멋지고 잘생기고, 악당은 험상궂고 못생긴 것도 같은 맥락이야.

뿐만 아니라 외모와 질병은 계층의 표시로도 여겼어. 가령 음식이 귀하고 굶주림에 허덕이는 시절에 통통한 몸은 부와 권력의 상징이야. 하지만 낭만주의 시대에는 감각을 중요시했기 때문에 비대한 몸집보다는 어딘지 애처롭고 가냘프고, 동정을 불러일으키는 외모가 관심을 끌었지.

본래 결핵은 결핵균이 몸에 침투해 생기는 만성 전염병이야. 결핵균은 폐와

신장, 장기, 뇌, 척추, 기관지 등 우리 몸 어느 곳이나 들어와 병을 일으키는데 이 가운데 가장 흔한 것이 폐결핵이야. 그래서 결핵이라고 하면 대개 폐결핵을 말해.

   그런데 결핵의 증상은 다른 전염병이랑 좀 달라. 가장 일반적인 증상은 발그스레 달아오른 뺨과 핏기 없이 창백한 얼굴, 피가 섞인 기침과 야윈 몸이야. 이

는 낭만주의자들의 호감을 사기에 충분했지. 그래서 결핵에 걸리기를 은근히 바라거나 결핵 환자를 부러워했어. 여성들은 결핵에 걸리면 기다란 목, 우수 어린 눈빛, 장밋빛 볼, 가냘픈 몸매를 가진 미인으로 거듭날 수 있다고 여겼지.

이런 사회 분위기가 만들어진 데는 예술가들이 한몫했어. 결핵은 예술가의 천재성과 열정의 상징이 되었거든. 잔기침을 하며 창백한 얼굴로 작업에 몰두하는 모습이 천재적인 예술가의 초상이라 생각했어. 예술가나 작가의 자식들이 결핵에 걸리면 창의적인 부모의 예술적 재능을 물려받은 표시로 여겼지.

여성들에게 특히 인기가 높았던 영국의 낭만파 시인 바이런이 '나도 결핵에 걸리고 싶다'고 털어놓을 정도로 결핵은 선망의 대상이었어. 실제로 『지킬 박사와 하이드 씨』를 쓴 작가 로버트 루이스 스티븐슨, 『죄와 벌』을 쓴 표도르 도스토예프스키, 『제인 에어』와 『폭풍의 언덕』을 쓴 샬럿 브론테, 『오만과 편견』을 쓴 제인 오스틴, 영국의 시인 존 키츠, 철학자 스피노자, 작곡가 쇼팽, 화가 모딜리아니 등 여러 유명한 예술가들이 결핵을 앓다가 숨졌지.

이처럼 어처구니없는 환상은 의학 지식이 발달하면서 산산이 조각났어. 그때까지 사람들은 결핵이 전염되는 게 아니라 유전되는 거라고 생각했거든. 하지만 결핵이 병균에 의해 옮기는 전염병이란 사실이 밝혀지자 상황이 달라졌어. 병원균이 재채기나 기침에서 나오는 미세한 침방울을 통해 공기를 타고 사람에서 사람으로 전염된다는 사실이 알려지면서 한 번쯤 걸려도 좋을 낭만적인 병이 아니라 퇴치해야 할 무서운 병이 되었던 거란다.

아름다운 모델이 된 결핵 환자

낭만주의 시대의 화가들에게는 병색이 짙은 모델이 인기 있었어. 꿈꾸는 듯한 묘한 표정과 기력이 없이 우수에 잠긴 외로운 모습을 즐겨 그렸지. 존 에버렛 밀레이의 걸작 〈오필리아〉에 등장하는 여주인공 역시 그런 경우야.

오필리아는 그 유명한 셰익스피어의 명작에 등장하는 주인공 햄릿의 연인이야. 그녀는 아버지가 햄릿의 실수로 살해된 것을 알게 되자 괴로움을 견디다 못해 강물에 몸을 던져 스스로 목숨을 끊었어. 밀레이는 비련의 여주인공이 빠져 죽은 장면을 매우 극적으로 묘사하고 싶었지. 그에 어울릴 만한 모델을 찾기 위해 런던 시내를 뒤지고 다녔대. 그러다 한 상점에서 엘리자베스 시달이란 여인을 발견했어. 긴 목에 창백한 얼굴, 커다란 눈, 발그스레한 뺨, 하얗고 야윈 몸매를 하고 있었지. 공교롭게도 그녀는 결핵에 걸려 있었다는구나. 기침을 심하게 했지만 기꺼이 모델이 되어 주었고, 덕분에 창백한 여성의 비극적 아름다움이 깃든 명작 〈오필리아〉가 탄생한 거란다.

존 에버렛 밀레이, 〈오필리아〉, 영국 테이트 미술관

5 콜레라 대유행으로 위생 관념이 생겨나다

중세 유럽을 공포의 도가니로 몰아넣었던 흑사병 이후 유럽인들이 가장 무서워했던 전염병은 콜레라야. 콜레라는 본래 인도 지역에서 유행하던 풍토병이야. 이 병이 유럽으로 퍼진 것은 제국주의 시대에 벌어진 각국의 식민지 쟁탈전 때문이라고 말할 수 있어.

영국의 식민지였던 인도에 영국 군인들이 머물면서 콜레라와 처음 접촉했어. 콜레라에 전염된 영국군을 통해 아시아 전역으로 퍼지고, 점차 이슬람 지역을 거쳐 유럽까지 전파되었지.

당시 유럽은 콜레라가 창궐하기에 좋은 조건이었어. 영국 상황을 살펴보면, 산업화가 진행되면서 도시의 인구 밀도가 매우 높았지. 높은 임금과 좋은 일자리를 찾아 시골에서 도시로 계속해서 사람들이 밀려들었거든. 하지만 노동자들의 생활은 열악하기 짝이 없었지.

영국에서는 창문이 여섯 개 이상 달린 집에는 창문세라는 걸 부과했어. 상류 부유층은 자신의 부를 과시하기 위해 가능한 많은 창문을 집에 달았지만 일반 시민들과 하층 노동자들은 오히려 반대였지. 창문은 사치품에 불과했기 때문에 창문이 아예 없거나 아주 작은 창문이 달린 집에서 살았단다.

창문이 없어 환기가 잘 되지 않으니 집은 어두컴컴하고 습했어. 위생 시설은 더욱 엉망이었지. 화장실을 갖춘 집이 거의 없었어. 바깥에 구덩이를 파 놓고 여러 집의 가족들이 함께 사용했지. 대소변이 넘치면 길에다 볼일을 보기도 했어. 그렇게 쌓인 배설물은 지하로 스며들어 런던의 템스강으로 흘러 들어갔지. 당시 템스강은 '커다란 악취'란 별명으로 불릴 만큼 오염이 심했어. 공장 폐수와 배설물, 그리고 각종 생활 쓰레기의 마지막 집합소가 되었거든.

문제는 이 물을 런던 시민들이 마시는 식수원으로 사용했다는 거야. 전염병이 미쳐 날뛰기에 아주 좋은 조건이었지. 당연히 시민들의 건강에 심각한 이상이 생길 수밖에 없었지. 식중독에 의한 설사와 장티푸스, 결핵, 독감 등 여러 감염성 질병들이 사람들을 괴롭혔어.

그중에서도 가장 심각한 게 콜레라였지. 콜레라는 주로 물의 오염으로 인해 전파되는 수인성 전염병이거든. 원인균은 콜레라 비브리오균이야. 오염된 물이나 음식을 통해 이 균이 몸속에 들어오면 소장에 붙어 장의 세포들이 물을 흡수하지 못하도록 해. 그래서 시도 때도 없이 설사를 하게 되고, 몸에서 과도하게 수분이 빠져나간 탓에 탈수 현상을 일으키지. 탈수가 심해지면 혼수상태에 빠지고 피부가 푸른빛으로 변하면서 죽음에 이르게 돼. 제때 치료하지 않으면 절반 이상이 죽는 무서운 병이지.

당시 사람들은 병의 원인을 몰랐기 때문에 엉터리 치료를 계속했어. 물론 아무 효과가 없었지. 수차례 콜레라의 대유행으로 수많은 사람이 목숨을 잃자 영국의 공중보건 전문가였던 에드윈 채드윅은 위생 환경을 바꾸는 데 두 팔 걷고 나섰어. 청결한 주거 환경을 만들고, 오물로 더러워진 길을 포장하고, 깨끗한 식수를 공급하고, 수세식 변소를 쓰게 하고, 오염된 물을 흘려보낼 하수구를 만들었지. 그는 위생 운동의 선구자로서 보건 환경 개선에 큰 역할을 했단다.

콜레라 예방에 채드윅 못지않게 중요한 역할을 한 사람은 손 씻기를 강조한 오스트리아의 이그나즈 제멜바이스야. 당시에는 의사들조차 위생 관념이 별로 없었고, 치료 과정에서 피가 덕지덕지 묻은 앞치마를 그대로 입은 채 환자들을 돌봤어. 산부인과 의사였던 제멜바이스는 이런 비위생적 환경에서는 의사가 병을 옮기는 매개체가 될 수 있다고 봤지. 의사들은 자신들이 병을 옮길 수 있

다는 말에 격분했지만 그는 조수들에게 병동에 들어오기 전에 반드시 손을 씻어야 한다고 단단히 일렀어. 그 결과 아이를 낳은 산모의 사망률이 30퍼센트에서 1퍼센트로 확 줄었어. 효과가 확인되자 그의 손 씻기 소독법은 병원은 물론 다른 시설로도 전파되었단다.

그 후 영국 의사 존 스노가 콜레라는 오염된 물이 원인임을 알아내고, 뒤이어 독일의 생물학자 로베르트 코흐가 비브리오균이 병원체라는 사실을 밝혀내 치료의 길을 열었단다.

6 스페인 독감, 전쟁보다 무서운 20세기 최고의 재앙

20세기의 시작과 더불어 전 세계에 전쟁의 기운이 돌았어. 1914~1918년까지 제1차 세계 대전이 일어나 1천 500만 명이 죽었고, 이 중 900만 명이 전쟁터에서 사망했지.

그런데 전쟁이 거의 끝나갈 즈음 그 어떤 잔인한 무기보다 큰 파괴력을 지닌 살인마가 등장했어. 다름 아닌 스페인 독감이야. 이것은 지금까지 인류를 공포에 떨게 했던 전염병들 중 가장 강력한 살상력을 지니고 있었어. 스페인 독감이 위력을 떨친 1918년부터 1919년까지 2년 동안 전 세계적으로 무려 5천만 명 정도가 사망했지. 제1차 세계 대전의 사망자 숫자보다 몇 배나 더 많아.

이처럼 피해가 큰 데는 그만한 이유가 있어. 독감은 감기처럼 전염성이 아주 강한 유행병이야. 스페인 독감도 마찬가지였어. 처음에는 보통 감기에 걸린 사람처럼 나른해지고 열이 나면서 아프지. 건강한 사람은 독감에 걸려도 얼마쯤 앓다가 회복 단계에 들어선단다. 하지만 스페인 독감은 폐가 망가지면서 치명적인 폐렴으로 진행하게 돼. 호흡이 어려워져 숨을 헐떡거리다 피부가 병색이 짙은 보랏빛으로 변하면서 결국 죽음을 맞이해.

스페인 독감이 언제 어디서부터 시작되었는지는 정확치 않아. 학자들은 제1차 세계 대전이 끝나 가던 무렵에 악성 독감이 동시다발적으로 유행하기 시작했다고 보고 있어. 다만 독감이 처음 보고된 것은 1918년 3월 미국 캔자스주의 포트라일리라는 곳이야. 처음 발병했을 때만 해도 그리 심각한 상황이 아니라 대수롭지 않게 여겼지.

이것이 전쟁 지역으로 퍼지면서 상황이 달라지기 시작했어. 당시 프랑스에 주둔하던 미군 병영에서 독감 환자가 나타나 8월에 첫 사망자가 나왔지. 이때부터 급속하게 번지면서 치명적인 독감으로 발전한 거야.

보통 독감이 유행하면 면역력이 약한 노약자나 어린아이가 가장 위험하지. 하지만 스페인 독감은 좀 달랐어. 한창 혈기 왕성한 이삼십 대의 젊고 건강한 청년들에게 치명적이었거든. 전쟁터에 있는 젊은이들의 피해가 클 수밖에 없었지.

독감은 적군인 독일군 쪽으로도 옮겨 갔어. 독일군 참모 총장인 에리히 루덴도르프가 전쟁에 진 것은 스페인 독감 때문이라고 한탄했다고 해. 독감은 미국과 유럽은 물론이고 전 세계로 번져 나가 각국에 큰 타격을 입혔단다.

'스페인 독감'이란 이름의 수수께끼

스페인 독감은 이름에 약간의 오해가 있을 수 있어. 스페인에서 처음 발병한 것도 아닌데 왜 '스페인 독감'이란 이름이 붙었을까?

앞서 말했다시피 당시는 제1차 세계 대전 중이라 전쟁에 참여한 나라들은 언론 보도에 매우 신중했어. 독감이 번져 병사들이 사망했다는 건 아주 중요한 기삿거리이지만 이것을 그대로 보도하면 아군의 기밀을 적에게 알리는 꼴이 돼. 아군의 약점을 언론에 공개하면 적의 사기를 높여 자칫 전쟁에서 큰 낭패를 볼 수도 있거든. 그러니까 독감이 유행해도 쉬쉬한 거지.

그러나 스페인 언론은 달랐어. 양측 어느 편도 들지 않는 중립국이라 독감의 유행을 사실 그대로 보도했어. 전 세계인은 비로소 독감의 유행을 알게 되었지. 따라서 스페인 언론을 통해 처음 세상에 알려졌다고 해서 스페인 독감이라고 부르게 된 거란다.

비슷하면서도 전혀 다른 감기와 독감

감기와 독감은 증세가 조금 비슷해. 기력이 없어지면서 열이 오르고 두통이나 근육통이 생기며 콧물이 나고 기침을 하지. 독감이란 말은 독한 감기를 뜻하는 말이라 감기 증세가 심한 걸 독감이라 생각할 수 있어. 하지만 의학적으로 볼 때 감기와 독감은 엄연히 다른 병이야.

감기는 200여 가지에 이르는 다양한 바이러스가 원인이야. 이처럼 바이러스의 종류가 많다 보니 백신을 만들어 예방하기가 어려워. 다행히 감기는 사람에게 치명적이지 않고 얼마간 앓다 보면 저절로 치유가 되고 회복이 돼.

반면에 독감은 인플루엔자 바이러스가 원인이야. 병원균이 딱 한 가지이기 때문에 백신을 만들어 예방할 수가 있어. 다만 인플루엔자는 A형, B형, C형이 있지. 이 세 가지 중에서 전염력이 강하고 돌연변이를 잘 일으켜 사람들에게 큰 피해를 입히는 게 A형이야. 스페인 독감을 비롯하여 인류를 치명적 위험에 빠뜨리는 건 모두 A형이 변이를 일으킨 거란다.

인류는 오랜 옛날부터 지금까지 수많은 질병을 경험했어.

하지만 그게 다가 아니야.

앞으로도 새로운 전염병은 얼마든지 생겨날 수 있거든.

그것은 어쩌면 자연이 인간에게 주는 경고일지도 몰라.

인간은 세균이나 바이러스를 악마처럼 여기지만

반대로 지구에게는 인간이 세균이나 바이러스 같은 존재일 수 있어.

개발이란 이름으로 지구촌 곳곳에서는 환경을 파괴하고

자연을 훼손하는 일들이 벌어지고 있지.

인간이 자연 앞에 절제하고 겸손하지 않으면 지구가 또 인간에게

어떤 질병의 재앙을 내릴지 모르는 일이야.

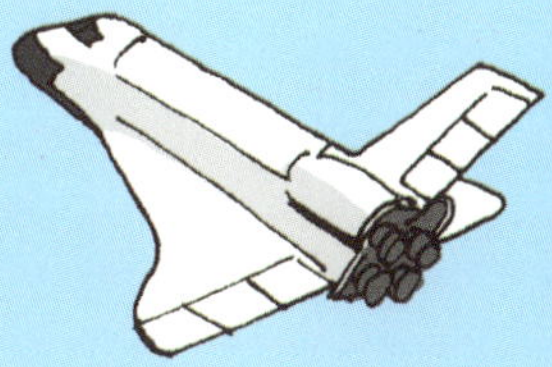

제4장

전염병에 대한 인류의 도전과 반격

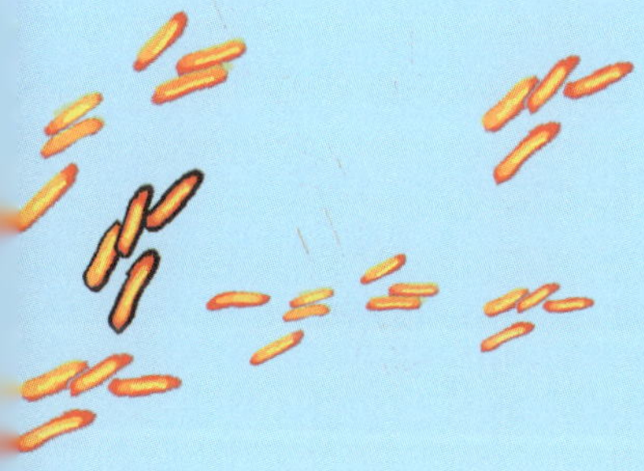

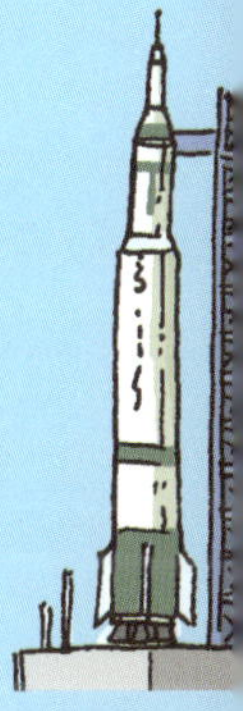

1 생명체는 자연에서 저절로 생겨난다?

마술사들의 공연은 종종 눈을 뜨고 보면서도 믿기지 않을 때가 많아. 모자에서 비둘기가 날아오르고, 보자기를 걷어 내면 그 속에서 토끼가 나오고, 지팡이가 순식간에 앵무새로 변하기도 하지.

하지만 이건 어디까지나 눈속임이야. 정말로 모자나 보자기, 지팡이 같은 데서 동물이 생겨난 거라고 믿는 사람은 없어. 있다면 얼간이 취급을 당할 거야.

그런데 시곗바늘을 300~400년쯤 뒤로 돌린다면 어떨까? 과학자들조차 이런 마법 같은 현상을 사실로 믿었으며, 이를 실험 결과로 발표하기도 했지.

대표적인 사람이 17세기 벨기에의 화학자 판 헬몬트야. 그는 생쥐를 만드는 방법을 실험 결과로 발표했어. 우선 항아리에 밀을 가득 채운다고 해. 그런 다음 땀으로 더러워진 옷에 기름과 우유를 적셔서 밀 속에 넣어 두지. 그렇게 21일 동안 방치하면 저절로 생쥐가 생겨나 어떤 놈은 암놈이 되고, 어떤 놈은 수놈이 되어 서로 짝짓기를 해서 새끼를 낳는다는 거야. 땀이 밴 옷과 밀이 만나 어떤 생명의 활력을 불어넣어 생명을 탄생시킨다는 이론이지.

지금은 어린아이도 웃을 어처구니없는 얘기지만 놀랍게도 당시 사람들은 이런 실험 결과를 그대로 믿었어. 생명의 탄생에 대한 기초 과학 지식이 전혀 없었기 때문에 이처럼 생물이 자연적으로 생겨난다고 믿었던 거지. 이것을 '자연 발생설'이라고 불러.

자연 발생설은 역사가 오래되었어. 고대 그리스의 위대한 철학자 아리스토텔레스가 처음 주장했지. 그는 습기가 적당하여 생명이 살 만한 조건이 되면 저절로 동식물이 생겨난다고 생각했어. 예컨대 물웅덩이에서 올챙이나 벌레가 저절로 생겨나고, 흙 속에서 지렁이나 두더지가 저절로 생겨나고, 썩은 고기에서 구더기가 저절로 생겨나고, 개펄에서 새우, 장어, 문어, 낙지 같은 것들이 저절로 생겨난다고 믿었지.

위대한 철학자의 주장치고는 너무 어처구니가 없지만 이후로 17세기 무렵까지 자연 발생설을 당연하게 여겼어. 그러니 판 헬몬트의 엉터리 실험 결과가 세상의 눈길을 끌 수 있었던 거지.

그 무렵 이 자연 발생설에 의심을 품고 반박한 사람이 있어. 그 주인공은 이탈리아의 과학자 프란체스코 레디야.

'생명체가 저절로 생겨난다는 건 믿을 수 없어. 하찮은 잡초도 씨앗이 떨어져 싹이 나는데 어떻게 생명이 저절로 탄생한다는 거야?'

레디는 실험에 들어갔어. 두 개의 유리병에 죽은 물고기를 넣은 다음, 한쪽은 뚜껑을 덮지 않고, 한쪽은 아무것도 들어가지 못하게 뚜껑을 덮었지. 며칠 후 결과는 어떻게 되었을까? 예상대로 뚜껑을 덮은 쪽은 비록 생선이 상하긴 했지만 아무것도 생기지 않았고, 뚜껑을 덮지 않은 쪽은 구더기가 바글바글했단다.

"자연 발생설은 틀렸어. 구더기는 썩은 고기에서 저절로 생겨나는 게 아니라 파리가 들어가 알을 낳았기 때문이야!"

레디는 실험을 통해 얻은 결론을 세상에 발표했어.

그러자 영국의 니덤 신부가 새로운 주장을 내놓았어. 그는 성직자였지만 생

물학에 관심이 많았지.

"구더기, 생쥐, 벌레, 올챙이처럼 눈에 보이는 생물은 자연적으로 생겨나지 않지만 그보다 훨씬 작아 눈에 보이지 않는 미생물은 자연적으로 발생한다!"

니덤 신부는 자신의 실험 결과도 공개했어. 유리병에 양고기 수프를 넣고 마개를 덮은 다음, 열을 가해 멸균한 뒤 며칠을 두었더니 미생물이 생겼다는 거야. 아울러 술이 발효되는 것, 음식이 상하는 것, 고기가 썩는 것 등은 이처럼 미생물이 저절로 생겨나기 때문이라고 주장했지.

그러나 이탈리아의 동물학자 라차로 스팔란차니는 이 주장에 의심을 가졌어. 그는 니덤 신부의 실험에서 허점을 찾아냈어. 비록 양고기 수프를 뚜껑으로 덮긴 했지만 완전히 밀봉하지 않아 미세하게 공기가 드나들었다는 거지.

스팔란차니는 수프를 가열해 멸균한 뒤 공기가 전혀 통하지 못하도록 뚜껑을 완전히 용접해 버렸어. 그러자 뚜껑만 슬쩍 막은 쪽에서는 미생물이 생겼지만 공기를 완전히 밀폐한 쪽에서는 아무것도 생기지 않았어. 따라서 미생물이 저절로 생겨나는 것이 아니라 공기 중에 떠 있는 미생물이 번식의 원인이란 사실을 밝혀냈단다.

2 세균 탐정 파스퇴르와 코흐의 대결

　세상에 널리 퍼진 생각은 쉽게 바뀌지 않아. 자연 발생설이 틀렸다는 걸 몇몇 과학자들이 증명했지만 사람들의 생각은 금방 바뀌지 않았어. 자연 발생설이 맞다, 아니다 하면서 티격태격하는 일이 많았지. 여기에 종지부를 찍은 사람이 프랑스의 과학자 루이 파스퇴르야.

　그는 자연 발생설이 그르다는 걸 증명하기 위해 아주 유명한 실험을 했어. 바로 '백조목 플라스크 실험'이야. 플라스크란 과학 실험용 유리병을 말해. 아래쪽이 둥그스름하고 위쪽은 호리병처럼 목이 가늘지.

　파스퇴르는 플라스크에 고기 수프를 넣고 병의 목 부분을 가열하여 길게 늘여 S자 모양으로 구부렸어. 그러자 마치 백조가 먹잇감을 노리고 목을 구부린 것 같은 형태가 되었지. 그는 플라스크 안의 고기 수프를 불로 가열해 멸균 작업을 한 뒤 유심히 관찰했어. 하루, 이틀, 사흘, 시간이 지나도 아무것도 생기지 않았지.

　"야호, 실험이 대성공이야. 내 생각이 맞았어!"

　성공의 비결은 백조처럼 구부린 플라스크의 목 부분에 있었지. 멸균을 위해 가열하자 이때 발생한 수증기가 구부러진 목 아래쪽에 맺혀 물이 고였던 거야. 이것이 외부 공기와 수프 사이에 차단벽 역할을 해 미생물이 수프로 들어가는 걸 막아 줬던 거란다.

이 실험으로 모든 생명체는 저절로 생기는 게 아니라는 사실이 증명되었어. 사람들은 더 이상 자연 발생설을 믿지 않게 되었지. 파스퇴르는 자신의 연구 결과를 실험실에만 가둬 두지 않았어. 실생활에 큰 도움이 되는 일을 꾀했지.

프랑스는 포도주가 아주 유명해. 그런데 당시 포도주가 상하는 일이 자주 발생해 농가에 심각한 피해를 입혔어.

'음, 원인은 틀림없이 미생물일 거야. 어떤 놈인지 정체를 밝히자!'

파스퇴르는 연구에 매달린 끝에 포도주를 상하게 하는 미생물을 찾아냈어. 그와 함께 발효가 끝난 포도주를 낮은 온도에서 일정 시간 가열하면 원인균을 없앨 수 있다는 것도 알아냈지. 이 방법이 현재까지도 사용되고 있는 '저온 살균법'이란다.

파스퇴르의 명성을 더욱 높인 또 다른 업적이 있어. 그건 공수병 백신을 만든 거야. 공수병은 흔히 미친개에게 물려서 옮기 때문에 광견병이라고 불러. 광견병은 당시로서는 걸리면 그냥 죽을 수밖에 없는 치사율 100퍼센트의 무서운 병이었어. 어느 날 한 부인이 파스퇴르를 찾아와 다급하게 애원했지.

"선생님, 제발 우리 아이 좀 살려 주세요!"

그 아이는 조제프 마이스터라는 아홉 살 소년이었어. 미친개에게 물려 목숨이 위태로웠지. 그냥 두면 죽을 게 뻔했기 때문에 파스퇴르는 자신이 개발한 백신을 처음으로 아이에게 투여했어. 혹시 잘못되면 어떡하나 초조한 마음으로 결과를 기다렸지. 다행히 백신은 효과를 발휘해 소년은 살아날 수 있었어. 소년은 이 은혜를 못 잊어 훗날 파스퇴르 연구소의 관리인으로 일하게 되었단다.

파스퇴르가 과학자로 한창 명성을 날릴 즈음 그와 어깨를 견줄 수 있는 강력

한 라이벌이 나타났어. 로베르트 코흐가 그 주인공이야. 모험심과 호기심이 강했던 코흐는 어린 시절부터 세계를 여행하는 탐험가를 꿈꾸었지. 하지만 결혼을 한 뒤 부인의 바람대로 조용한 시골 마을에서 의사 생활을 시작했어.

시골 의사로 사는 것도 나름 보람이 있었지만 시간이 갈수록 따분해졌어. 새로운 세계를 탐구하고 싶은 마음이 강하게 일었지. 남편의 기분을 알아차린 부인은 그의 마음을 위로하기 위해 놀라운 선물을 하나 주었어. 바로 현미경이야. 코흐는 현미경을 통해 세계 탐험보다 더 흥미로운 미생물의 세계로 빠져들게 되었단다.

그의 첫 번째 성과는 탄저균의 정체를 밝혀낸 거야. 탄저는 식물에게 생기는 탄저병과는 전혀 다른 질병이야. 소나 양, 말 같은 가축에게 주로 발병하지만 사람에게도 전염이 되는 무서운 병이란다. 이 균은 생명력이 워낙 강해서 여간해선 죽지 않기 때문에 탄저로 죽은 가축은 가능한 빨리 태우거나 땅속 깊이 묻어야 한다는 사실을 세상에 널리 알렸어. 이 연구로 인해 그는 단번에 큰 명성을 얻었지.

코흐는 계속해서 연구를 이어 갔어. 그 결과 1882년 당시 유행하고 있던 결핵균의 정체를 밝혀내는 데 성공했어. 한때 동경의 대상이었던 결핵은 이제 더 이상 아름다운 미인을 만들어 주거나 천재들만이 걸리는 유전병이 아니라는 사실이 증명되었지.

아울러 1883년에는 콜레라가 풍토병인 인도까지 건너가서 원인균의 정체를 밝혀냈어. 잇단 성과에 힘입어 코흐는 '세균학의 아버지'로 불리는 영광을 얻었지. 1905년에는 결핵균을 발견한 공로를 인정받아 노벨 생리 의학상을 받았단다.

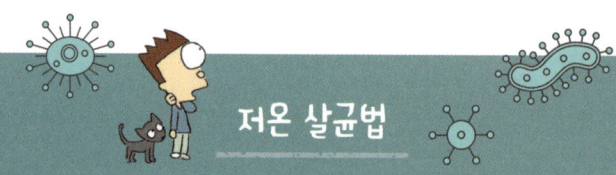

저온 살균법

살균을 하는 가장 손쉬운 방법은 팔팔 끓이는 거야. 하지만 식품을 끓이게 되면 맛이 변하고 영양소가 파괴되기 십상이야. 그렇다면 맛이나 영양소 파괴를 하지 않고 살균 처리하는 방법은 없을까?

그래서 나온 것이 저온 살균법이야. 포도주나 맥주, 우유 같은 식품을 팔팔 끓이지 않고 60~80도의 온도에서 일정한 시간 가열한 다음 급속하게 냉각시키는 거지. 그러면 맛이나 영양소의 파괴 없이 미생물만 없앨 수 있어. 이 저온 살균법은 '파스퇴르법'이라고도 하고 지금도 널리 쓰이고 있단다.

3 전염병 퇴치의 보호막, 백신 개발

옛날 아주 무시무시했던 전염병을 인류가 완전히 정복한 게 하나 있어. 바로 천연두야. 이 병은 신대륙의 원주민을 초토화시켰을 뿐 아니라 유럽, 아시아 등 전 세계에서 많은 사람들의 목숨을 앗아 갔지. 하지만 1977년을 마지막으로 더 이상 환자가 보고되지 않았고, 1980년 5월 세계보건기구는 천연두가 완전히 사라졌음을 선언했단다. 오늘날 천연두 바이러스는 냉동 장치 속에 감금된 채 하나는 미국에, 다른 하나는 러시아에 보존되어 있단다. 대체 어떤 방법으로 천연두를 정복하게 되었는지 살펴볼까?

천연두의 특성은 한번 병을 앓고 나면 평생 면역이 생겨 다시는 병에 걸리지 않는다는 거야. 앞에서 보았듯이, 중국이나 인도, 페르시아, 터키 등에서는 이런 점을 이용하여 천연두를 앓지 않은 사람에게 이미 앓았던 사람의 종기 딱지를 가루로 만들어 코에 불어 넣거나 상처에 바르게 했지. 이 예방법을 '인두 종두법'이라고 불러. '사람 인(人)' 자, '천연두 두(痘)' 자를 써서 환자의 몸에서 얻은 약한 천연두균을 건강한 몸에 심어서 강한 천연두균을 막아 내는 예방법이라는 의미야.

인두 종두법은 효과가 있었지만 완벽하지는 않았어. 접종을 받은 사람이 오히려 천연두균에 감염되어 다른 사람을 전염시킬 수도 있었거든. 심한 경우 50

명당 한 명꼴로 사망했지. 실패 확률이 높았지만 병에 걸리는 것보다는 나았기 때문에 위험을 무릅쓰고 이 방법을 썼던 거란다.

천연두 퇴치에 앞장선 일등 공신은 영국의 외과 의사 에드워드 제너야. 그는 어느 날 한 아가씨에게 놀라운 이야기를 들었어.

"매일 소젖을 짜는 여인들은 우두를 앓기 마련인데, 우두를 한번 앓고 나면 천연두에 걸리지 않는다고 해요."

제너는 귀가 번쩍 뜨였어. 우두를 활용하면 천연두를 예방할 수 있지 않을까 하는 기대를 하게 되었던 거지. 우두는 소에게 생기는 질병으로 천연두의 사촌 격, 즉 소가 앓는 천연두쯤으로 생각하면 돼.

제너는 곧 실험을 시작했어. 우두에 걸린 사람의 상처에서 고름을 조금 뽑아 제임스라는 여덟 살 소년에게 주사했어. 소년은 가볍게 우두를 앓았지만 곧 회복되었지.

두 달 뒤 제너는 천연두에 걸린 사람의 고름을 뽑아 같은 방법으로 주사했어. 이것은 아주 위험한 실험이었지. 자칫하면 소년이 병에 걸려 목숨을 잃을 수도 있었거든. 제너는 조마조마한 마음으로 소년의 상태를 지켜보았어. 결과는 대성공이었지. 천만다행으로 소년은 천연두에 걸리지 않고 건강했거든. 제너는 1796년 소의 천연두균을 활용한 '우두 종두법'을 개발하여 모두가 안전한 예방법을 널리 보급시켰단다.

제너는 우두 종두법으로 백신을 처음 사용한 인물이야. 하지만 백신(Vaccine)이란 말을 처음 만들고 백신을 통한 예방법을 널리 퍼뜨린 건 파스퇴르란다. 백신은 소를 뜻하는 라틴어 '바카'에서 비롯되었어. 왜 하필 소냐고? 제너가 소의 우두를 이용하여 천연두를 예방하는 종두법을 만들었기 때문에 제너의 발견을 기리기 위해 '백신'이라 이름 붙인 거지.

파스퇴르가 처음 개발한 백신은 가축인 닭 콜레라 백신이었어. 그는 병에 걸린 닭의 볏에서 피를 뽑아 세균을 배양했어. 그것이 원인균이 맞는지 확인하기 위해 건강한 닭에게 세균이 번식한 먹이를 먹였지. 닭들에게 곧 콜레라 증세가 나타나 죽고 말았지.

닭 콜레라균을 찾아낸 파스퇴르는 치료법을 개발하기 위한 실험에 열중했어. 그러던 중 여름휴가를 맞아 연구실을 한동안 비우게 되었지. 한참 만에 돌아온 파스퇴르는 이전에 배양해 놓은 닭 콜레라균이 아직 살아 있는 것을 발견했지.

"새로운 균을 배양하려면 시간이 꽤나 걸리겠군. 비록 오래된 배양균이지만

시험 삼아 닭에게 먹여 볼까?"

그 결과 뜻밖의 놀라운 사실을 알아냈어. 닭들이 오래된 배양균을 섞은 모이를 먹고 나자 처음에는 시름시름 앓더니 얼마 지나지 않아 멀쩡하게 되살아났던 거야. 이것으로 그는 깨달았지. 오래되어 힘이 약해진 원인균은 병을 일으키지 못한다는 것을 말이야.

이를 바탕으로 파스퇴르는 닭 콜레라의 면역력을 키워 주는 약물을 개발하는 데 성공했어. 그 약물이란 다른 게 아니었지. 닭 콜레라균을 약하게 만들어 닭에게 주입한 뒤 힘센 균이 들어와도 이겨 낼 수 있도록 만든 거야. 그는 이 약물을 '백신'이라 이름 붙이고, 백신으로 면역력을 키워 질병을 예방하는 것을 '예방 접종'이라 했어.

파스퇴르는 이후 탄저병에 대한 백신도 만들고, 광견병을 막아 내는 백신 개발에도 성공하여 큰 명성을 얻었지. 제너와 파스퇴르, 두 사람이 실험을 통해 고안한 백신의 기본 원리는 오늘날까지 그대로 사용되고 있단다.

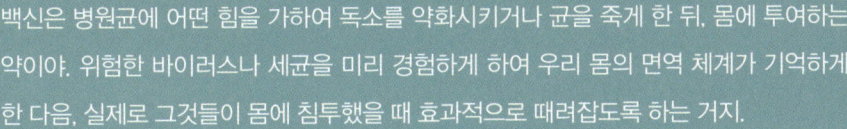

백신을 만드는 세 가지 방법

백신은 병원균에 어떤 힘을 가하여 독소를 약화시키거나 균을 죽게 한 뒤, 몸에 투여하는 약이야. 위험한 바이러스나 세균을 미리 경험하게 하여 우리 몸의 면역 체계가 기억하게 한 다음, 실제로 그것들이 몸에 침투했을 때 효과적으로 때려잡도록 하는 거지.

백신을 만드는 데는 아래 그림처럼 세 가지 방법이 있어. 가장 기본 원칙은 면역 세포가 병원균을 확실하게 기억할 수 있게 하되, 병균이 강력한 힘을 발휘하면 절대로 안 돼. 그러면 오히려 멀쩡한 사람을 병에 걸리게 할 우려가 있거든.

4 생명을 살리는 기적의 치료제

20세기 초까지만 해도 온갖 질병과 세균 감염으로 해마다 수백만 명이 목숨을 잃었어. 과학자들은 이를 해결하기 위해 온 힘을 기울였지. 그 과정에서 뜻하지 않은 우연한 실수로 새로운 치료제가 개발되기도 했단다.

영국의 미생물학자 알렉산더 플레밍은 제1차 세계 대전 당시 군부대의 병원에서 일했어. 그는 전쟁에서 부상당한 병사 중 많은 수가 상처를 통해 세균에 감염되어 죽어 가는 걸 안타깝게 지켜보았지. 엎친 데 덮친 격으로 전쟁 말기에는 스페인 독감이 기승을 부려 더 많은 사람들이 목숨을 잃었단다.

전쟁이 끝난 뒤 플레밍은 목숨을 위협하는 전염병과 세균성 감염을 치료할 방법을 찾아내고자 애썼어. 매일같이 연구에 몰두하다 보니 연구실을 정리할 시간이 없었지. 흡사 쓰레기장을 방불케 할 정도로 항상 어질러진 상태였어. 더럽고 지저분한 곳에서는 곰팡이가 피게 마련이야.

1928년 플레밍은 긴 휴가를 마치고 다시 연구실에 돌아왔어. 휴가 전에 어질러 놓았던 배양 접시를 치우다가 한 곳에 눈길이 머물렀어. 연구를 위해 세균을 배양한 접시에 푸른곰팡이가 잔뜩 피어 있었지.

"이런, 쯧쯧. 이건 버리고 다시 세균을 배양해야겠군!"

플레밍은 접시를 버리려다 말고 곰팡이를 자세히 들여다보았어. 뭔가 신기

한 현상이 눈에 띄었기 때문이야. 접시에는 포도상 구균을 배양해 놓았는데 푸른곰팡이가 잔뜩 낀 부분에는 놀랍게도 균들이 다 죽어 있었던 거야.

"이럴 수가. 놀라운 일이군. 이유가 뭔지 연구해 봐야겠어."

플레밍은 푸른곰팡이가 세균을 파괴하는 대단한 능력이 있다는 걸 발견했어. 그는 흥분을 감출 수 없었지. 잘하면 곰팡이에서 질병을 치료하는 물질을 찾아낼 수도 있었거든.

그는 연구를 거듭한 결과 푸른곰팡이에서 세균을 죽이는 물질만 뽑아내어

'페니실린'이라고 이름 붙였어. 페니실린은 갖가지 세균에 대해 항균 작용을 했지.

하지만 안타깝게도 플레밍은 연구를 계속 이어 가지 못했어. 그는 화학자가 아니었으므로 지저분한 곰팡이에서 아주 깨끗하고 순수한 페니실린 성분을 추출해 내는 데 어려움을 겪었기 때문이지.

그렇게 10여 년의 세월이 흐른 뒤, 옥스퍼드 대학의 연구원이었던 두 명의 과학자가 플레밍의 연구 논문을 보고 페니실린에 관심을 가졌어. 한 사람은 호주 출신의 하워드 플로리였고, 또 한 사람은 독일 출신의 언스트 체인이었지. 그들은 세균을 억제할 치료용 페니실린을 뽑아내기 위해 노력했어. 노력은 성공을 거두어 상처가 세균에 감염되어 위독한 환자를 페니실린을 써서 살려 냈지.

당시는 제2차 세계 대전이 치러지던 중이라 부상당한 군인들을 치료할 항생제가 절실히 필요했어. 하지만 영국 경제가 전쟁으로 엉망이 되었기 때문에 생산량을 늘릴 만큼 투자할 형편이 못 되었지. 페니실린이 탁월한 효과가 있는 것은 증명되었으나 문제는 비용과 생산량이었어. 치료약으로 널리 쓰이려면 저렴하게 많은 양을 생산할 수 있어야 해. 1942년 무렵까지 겨우 10여 명의 환자를 치료할 수 있는 양의 페니실린을 얻는 데 성공했을 뿐이지. 그래서 손을 내민 곳이 미국이야.

미국은 전쟁을 승리로 이끌기 위해 병사들을 치료할 새로운 약품이 절실했어. 전쟁터에서 부상당한 군인들이 세균 감염으로 상처가 곪으면 팔다리를 자르거나 심지어 죽기도 했거든.

연구에 도움을 준 건 뜻밖에도 캔털루프였어. 멜론의 한 종류인 이 과일은 썩으면서 껍질에 엄청난 양의 푸른곰팡이가 일었지. 농부에게는 과일을 상하

 게 하는 한낱 곰팡이에 지나지 않았을지 몰라도 과학자들에게는 황금처럼 아주 귀하고 아름다운 곰팡이가 아닐 수 없었지.

 이 특이한 과일 덕분에 페니실린을 대량으로 생산할 수 있었어. 페니실린의 효과는 놀라웠어. 전쟁터에서 죽어 가던 많은 병사들이 페니실린으로 목숨을 건졌고, 수술 환자의 생존율도 크게 높아졌지. 상처의 감염을 막았을 뿐만 아니라 당시 불치병으로 알려졌던 폐렴, 디프테리아, 파상풍 등의 질병에도 뛰어난 효과를 발휘했어. 페니실린의 발견과 함께 바야흐로 새로운 항생제의 시대가 열린 거란다.

항생제의 빛과 어둠

항생제란 미생물의 번식을 억제하는 약이라는 뜻이야. 페니실린의 발견 이후 새로운 항생제들이 속속 개발되었어. 인류는 크게 들떴지. 이제 세균으로 인한 질병은 완전히 정복되었다고 여겼거든. 하지만 이것은 인류의 성급한 오만이었지.

항생제가 처음 나왔을 때만 해도 사람들은 그것이 만능 치료제인 것처럼 생각했어. 세균에 감염되어도 치료하는 건 시간문제였고, 의사들은 항생제를 마구잡이로 처방해 주었지. 시간이 흐르자 예상치 못한 문제가 발생했어. 항생제에 적응하고 대항하는 세균이 서서히 모습을 드러내기 시작한 거야.

세균은 살아 있는 생명체야. 스스로 항생제의 공격에서 살아남기 위해 유전 정보를 바꾸며 돌연변이를 일으킨 거지. 이런 변이된 세균들을 죽이기 위해서 다른 새로운 항생제를 개발해야 했어. 하지만 새로운 약제를 개발해도 얼마쯤 지나면 또 그것에 저항하는 세균이 변이를 일으키기 일쑤였지.

이런 과정을 거치다 보니 이제는 그 어떤 항생제도 듣지 않는 초강력 슈퍼 박테리아가 생겨났단다. 세균과 항생제 간의 물고 물리는 술래잡기를 멈추려면 항생제를 마구잡이로 사용하지 말아야 해.

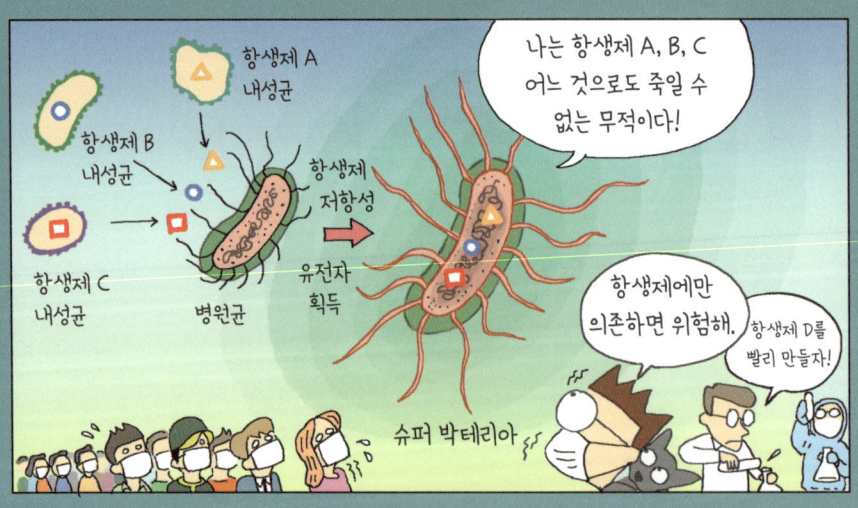

5 질병을 부르는 환경 파괴는 이제 그만!

지구상에서 질병을 일으킬 가능성이 있는 세균과 바이러스는 수없이 많아. 하지만 그것들이 모두 말썽을 일으키는 것은 아니야. 질병이 발생하더라도 유행성이 높지 않으면 크게 문제가 되지 않거든.

전염병은 규모에 따라 크게 세 가지로 구분할 수가 있어. 먼저 풍토병은 어느 특정 지역에 사는 사람들에게 꾸준히 생겨나는 전염병을 말해. 이것은 환경적인 요인이 크게 작용하지. 다음으로 유행병은 어떤 지역에서 전염병에 걸린 환자가 평소보다 많고 널리 퍼져 갔을 때를 일컫는 말이야. 유행병이 빠르게 확산되어 감염 지역을 점점 넓히다가 급기야 전 세계인의 목숨을 위협할 때를 일컬어 팬데믹이라고 해.

악명 높은 병원균이라고 해서 무조건 팬데믹이 되는 건 아니야. 지구촌을 공포에 떨게 한 에볼라 출혈열이나 에이즈(후천성 면역 결핍증), 그리고 21세기에 들어서면서 새로 유행한 사스나 메르스 같은 것들도 팬데믹은 아니었지. 치사율이 높은 무시무시한 전염병일수록 팬데믹이 될 가능성은 오히려 낮아. 환자의 생명을 빠르게 앗아 가기 때문에 병을 퍼뜨릴 기회를 잃게 되거든. 하지만 치사율도 높으면서 전파력도 강해서 인류가 속수무책으로 당할 수 있는 질병이 언제 어느 때 불쑥 나타날지 아무도 몰라.

20세기 중반부터 미생물에 대한 연구가 활발해졌는데 그 이후 과학자들은 약 300가지가 넘는 새로운 전염병을 찾아냈다고 해. 이런 질병들은 동물로부터 사람에게 전염된 것이 대부분이야. 사람과 동물이 함께 걸리는 걸 인수 공통 전염병이라 불러. 대표적인 몇 가지만 살펴볼까?

앞서 언급한 에볼라 출혈열은 아프리카 콩고의 강 이름에서 따온 거야. 1976년 에볼라강 유역에서 처음 발생했기 때문이지. 애초 감염은 야생 동물일 것으로 추정되는데 가장 유력한 범인은 과일박쥐야. 침팬지나 고릴라 같은 영장류 동물에서도 에볼라 바이러스가 검출되곤 하는데 이들도 걸리면 인간처럼 대부분 죽기 때문에 전파시킬 가능성이 매우 낮아. 반면에 과일박쥐는 바이러스를 가지고 있으나 자신은 감염되지 않아. 이 경우 병원균을 옮기는 중간 숙주가 될 수 있어. 그래서 과일박쥐가 먹이 활동을 하는 영역에서 인간과 자주 접촉하면서 바이러스를 퍼뜨린 게 아닐까 의심하는 것이지.

다른 전염병도 마찬가지야. 에이즈 역시 아프리카 녹색 원숭이에서 비롯되었을 가능성이 제기되고, 메르스는 아랍 지역의 낙타가 중간 숙주였던 것으로 알려져 있고, 사스의 매개체는 너구리, 오소리, 사향고양이가 지목되고, 악명 높은 코로나 19는 중국 우한 시장에서 거래되던 박쥐와 뱀에서 나왔을 것

으로 추정하고 있지.

동물들이 매개체가 되었다고 해서 마구 비난하는 것은 바람직하지 않아. 그건 인간의 입장일 뿐이고 동물의 입장에서는 대단히 억울한 일이거든. 동물들은 오랜 옛날부터 자신의 서식지에서 그저 평화롭게 살았을 따름이야. 그런데 인간이 개발이다 뭐다 해서 동물들의 서식지를 마구 침범한 결과 그들과 접촉할 기회가 많아졌기 때문에 전에 없던 새로운 질병들이 생겨난 거라고 할 수 있거든. 인간이 스스로 자초한 일이라고 할 수 있지.

앞으로도 새로운 전염병은 얼마든지 생겨날 수 있어. 그것은 어쩌면 자연이 인간에게 주는 경고일지도 몰라. 자연 앞에 인간은 겸손하고 절제하는 자세가 필요해. 인간은 세균이나 바이러스를 악마처럼 여길 수도 있지만 지구에게는 인간이 세균이나 바이러스 같은 존재가 아닐까도 생각해 볼 문제야. 개발이란 이름으로 지구촌 곳곳에서는 환경을 파괴하고 자연을 훼손하는 일들이 벌어지고 있지. 지구가 말을 한다면 인간에게 이렇게 하소연할지도 몰라.

나 좀 제발 괴롭히지 마.
파고 찢고 부수고,
내 몸에 붙어사는 인간이라는
벌레들 때문에
괴로워 못 살겠다!

팬데믹은 몇 번 있었을까?

세계보건기구는 감염병의 위험도에 따라 경보 단계를 1~6단계까지 나누고 있어. 팬데믹은 가장 높은 6단계로 세계적으로 전염병이 대유행하는 상태를 의미해. 그렇다면 1948년 세계보건기구가 설립된 이래로 몇 번의 팬데믹 선언이 있었을까?

총 세 번의 선언이 있었는데 그 첫 번째가 홍콩 독감이야. 1968년에 홍콩에서 처음 발병해 동남아, 인도, 호주, 아프리카, 남아메리카, 유럽 등으로 바이러스가 퍼져 나갔지. 이 독감은 이듬해까지 계속되었으며, 세계적으로 100만 명 이상의 사망자가 발생했어. 사망률이 0.37퍼센트로 추산되고 있는데 100만 명이 사망했으니 전염성이 얼마나 강했는지 알 수 있지.

두 번째는 2009년 우리나라와 전 세계를 공포로 몰아넣은 신종 플루야. 멕시코에서 처음 발병해 전 세계로 퍼졌는데 원인은 역시 독감의 일종인 인플루엔자 바이러스야. 초기에는 A형 인플루엔자 바이러스에 감염된 돼지를 통해 발생했기 때문에 돼지독감이라고 불렀어. 하지만 명칭이 적절하지 않아 새로운 종류의 인플루엔자라는 의미에서 신종 플루라 부르기 시작했지. 전 세계적으로 감염자 수는 측정이 불가능할 정도로 많았고 약 2만 명 가까이 사망했어. 우리나라에서도 76만 명 정도의 감염 환자가 나왔지. 다행히 치료약인 타미플루가 개발되어서 치료가 가능했단다.

세 번째는 2020년의 코로나 19(신종 코로나 바이러스)야. 2019년 12월 중국 우한에서 처음 발병한 뒤 중국 전역과 전 세계로 확산된 호흡기 질환이야. 감염되면 초기 증상은 발열, 기침, 근육통, 피로감 등 감기와 비슷하지만 상태가 악화되면 폐가 손상되어 사망에 이르기도 했지. 주로 노약자의 피해가 컸으며 특이하게도 감염된 뒤에 아무런 증상도 없는 무증상 환자가 있었기 때문에 방역에 더욱 어려움을 겪었어. 홍콩 독감과 신종 플루는 백신과 치료약이 비교적 빠르게 개발되었지만 코로나 19는 개발이 늦어져 더 많은 피해가 발생했단다.

참고문헌

- 김혜성, 『미생물과의 공존』, 파라사이언스
- 박상곤, 『비상! 바이러스의 습격』, 다림
- 브린 바너드, 『왜, 독감은 전쟁보다 독할까』, 다른
- 신나는 과학을 만드는 사람들, 『세균과 바이러스』(삼성과학학습만화 9), 삼성출판사
- 신현배, 『사람들의 생명을 위협하는 전염병 이야기』, 가문비어린이
- 예병일, 『세상을 바꾼 전염병』, 다른
- 유다정, 『지구를 들었다 놨다! 세균과 바이러스』, 다산어린이
- 이재열, 『바이러스는 과연 적인가?』, 경북대학교출판부
- 제니퍼 가디, 『전염병 이야기』, 톡
- 존 L. 잉그럼, 『미생물에 관한 거의 모든 것』, 이케이북
- 클라라 프론탈리, 『세상을 바꾼 전염병의 역사』, 봄나무